Henry CHEVANS

DOCTEUR EN DROIT

LA MISE EN VALEUR

DE

L'AFRIQUE OCCIDENTALE

Française

Préface de M. CHAUTEMPS, Sénateur,
ancien Ministre des Colonies.

PRIX : 6 francs

PARIS ✳ FÉLIX ALCAN, ÉDITEUR,
108, BOULEVARD SAINT-GERMAIN · · · · ·

1907

La Mise en Valeur

de l'Afrique Occidentale

Française.

Henry CHEVANS

DOCTEUR EN DROIT

LA MISE EN VALEUR

DE

L'AFRIQUE OCCIDENTALE

Française

*Préface de M. CHAUTEMPS, Sénateur,
ancien Ministre des Colonies.*

PARIS ✳ FÉLIX ALCAN, ÉDITEUR,

108, BOULEVARD SAINT-GERMAIN · · · · ·

1907

NOTE DE L'AUTEUR

———

Qu'il me soit permis, au début de ce livre, d'exprimer ma reconnaissance à tous ceux qui se sont intéressés à mon travail, soit en me communiquant des documents, soit en me fournissant d'utiles renseignements. Je tiens tout particulièrement à remercier M. le sénateur Chautemps, ancien ministre des Colonies, qui a bien voulu m'éclairer sur les origines du gouvernement général de l'Afrique occidentale française, dont il est le créateur, et M. Nouvion, le distingué directeur de la Banque de l'Afrique occidentale, qui a mis à ma disposition, avec une complaisance inépuisable, sa haute compétence sur les questions intéressant l'avenir économique de notre domaine africain.

Henry CHEVANS.

Paris, juin 1907.

PRÉFACE

—

Gracieusement pressé par M. Chevans d'écrire une courte préface pour son remarquable travail, je ne puis mettre mieux en relief l'importance des résultats obtenus par la France dans ses possessions de l'Ouest africain qu'en rappelant les circonstances précaires dans lesquelles j'ai été amené, en 1895, à constituer un gouvernement général de l'Afrique occidentale française.

Nos diverses possessions, le Sénégal, le Soudan, la Guinée française, la Côte-d'Ivoire, le Dahomey, malgré la communauté de leurs hinterlands, s'ignoraient totalement entre elles ; la colonne Monteil avait guerroyé pendant des mois dans le voisinage des pays de Kong, sans que l'idée fut seulement venue d'utiliser les trois mille hommes de troupe que nous possédions dans la boucle du Niger, et qui eussent pu modifier heureusement le cours des choses.

Certain gouverneur du Soudan, en conflit aigu

avec le gouverneur du Sénégal pour une question de délimitation des territoires soumis à leur juridiction, s'était montré disposé à régler par lui-même le différend. Des contrées voisines du Foutah étaient revendiquées à la fois par les trois gouvernements de Kayes, de Konakry et de Saint-Louis. Partout des prétentions particulières, nulle part la moindre vue d'ensemble.

Cependant, qu'il s'agît du choix des voies de pénétration ou de l'action politique à exercer sur les populations indigènes, ou de l'organisation de nos forces défensives, l'unité de direction s'imposait.

Une difficulté spéciale hâta l'évolution qui se faisait en moi dans le sens de la constitution d'un gouvernement général : j'avais à remplacer le gouverneur civil du Soudan français. Y nommer un militaire eût été un recul ; il était indispensable, d'autre part, pour gouverner un territoire où la population blanche ne comptait que des militaires et pas un seul fonctionnaire de l'ordre administratif, de faire choix d'un gouverneur civil jouissant d'une grande autorité personnelle, faisant figure en face du colonel commandant supérieur des troupes. Je fis des offres nombreuses, mais les hommes qui avaient acquis déjà par une longue carrière l'autorité nécessaire, ne se souciaient pas de recueillir la difficile succession du gouverneur rappelé, et je n'éprouvais que des refus.

J'eus même l'idée d'y nommer, à titre de gouverneur civil, un officier déjà hautement estimé, mais le colonel Galliéni déclina également mon offre.

Il me restait la ressource de confier ce poste à un militaire qui n'eût pas le titre de gouverneur et de le subordonner au gouvernement du Sénégal. De cette conception à celle d'un gouvernement général s'étendant à toute l'Afrique occidentale française il n'y avait qu'un pas qui fut aussitôt franchi.

C'est dans ces conditions que le colonel de Trentinian fut nommé lieutenant-gouverneur du Soudan.

Les autres chefs de colonies, dont je devais ménager les susceptibilités, conservèrent le titre de gouverneur, parce qu'une transition trop brusque pouvait amener des conséquences fâcheuses ; la centralisation ne fut d'abord que politique et militaire ; il appartenait à mes successeurs d'apprécier le moment exact où l'œuvre que j'avais ébauchée devait être parachevée.

L'Afrique occidentale française, aujourd'hui complètement unifiée au double point de vue politique et administratif, et admirablement gouvernée par un homme de tous points supérieur, M. Roume, est définitivement entrée dans une période de pleine prospérité. Elle a su, grâce à lui, développer ses ressources budgétaires, asseoir son crédit, accroître l'importance de son commerce, améliorer l'hygiène publique, multiplier peu à peu, en vue du progrès social des populations indigènes. les œuvres d'assistance et d'enseignement.

Il y a quelques années, un écrivain connu pouvait lancer une de ces phrases qui ont un retentissement facile : « Lâchons l'Asie, gardons l'Afrique ». Au lendemain des traités que la France vient de conclure en Extrême-Orient, personne aujourd'hui n'oserait dire, personne peut-être n'aurait jamais dû écrire : « Lâchons l'Asie » Mais c'est l'unanimité de la patrie tout entière qui se retrouve lorsqu'il s'agit de « garder l'Afrique », prolongement naturel de la France, l'Afrique occidentale aussi bien que l'Afrique méditerranéenne, l'une n'étant d'ailleurs que le développement géographique de l'autre, et toutes les deux étant désormais étroitement soudées, pour le plus grand profit de la nation, en un domaine d'un seul tenant.

Emile CHAUTEMPS,

Sénateur de la Haute-Savoie,
Ancien ministre des Colonies.

DIVISION DE L'OUVRAGE

Le but de notre étude sur LA MISE EN VALEUR DE L'AFRIQUE OCCIDENTALE FRANÇAISE *est d'examiner l'état actuel des différents problèmes économiques qui intéressent nos colonies de l'Ouest-Africain.*

Notre ouvrage comprendra une introduction et trois parties.

Dans l'introduction, nous montrerons d'une façon succincte, en soulignant les points les plus importants, l'évolution politique accomplie depuis 1895, date de la création du gouvernement général, jusqu'aux derniers décrets du 18 octobre 1904.

Dans la première partie, nous étudierons les principales questions se rattachant à la production, en appuyant tout spécialement sur la production agricole qui est l'avenir de tout pays neuf, puisque l'industrie ne s'y trouve qu'à l'état de vie ralentie.

Dans la deuxième partie, nous envisagerons la situation présente des chemins de fer. Nous laisserons de côté les autres travaux publics, tels que ports, routes, fleuves, etc., et nous nous contenterons de renvoyer, pour ces matières, au livre de M. Lefebvre sur LA CRÉATION DE L'OUTILLAGE PUBLIC DANS L'AFRIQUE OCCIDENTALE *(Paris, Rousseau, 1904).*

Enfin, notre troisième partie portera sur le mouvement commercial de ces dernières années.

LA MISE EN VALEUR

L'AFRIQUE OCCIDENTALE

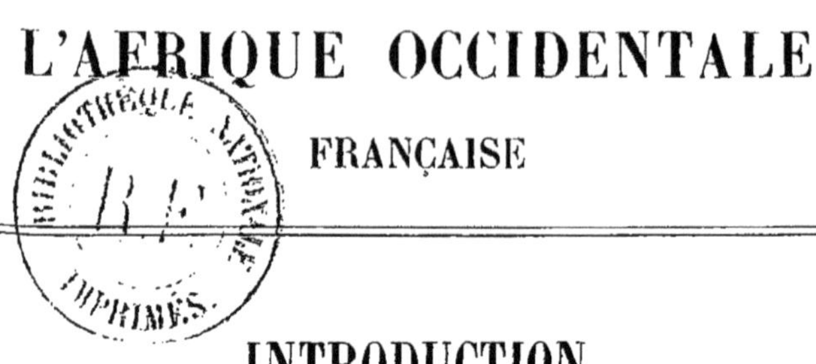

FRANÇAISE

INTRODUCTION

LA RÉORGANISATION DU GOUVERNEMENT
GÉNÉRAL

L'unification de nos possessions de la côte occidentale d'Afrique ne date que de 1895, année où, sur l'initiative de M. le sénateur Chautemps, alors ministre des colonies, le décret du 8 juin créa le gouvernement général. Le but de cette unification était de relier politiquement et militairement nos colonies ouest-africaines ; mais elles conservaient leur autonomie administrative et budgétaire.

Le décret du 17 octobre 1899 vint continuer l'œuvre commencée en 1895. Il réunit aux colonies de la côte leur hinterland respectif, ce qui entraîna la disparition de la colonie du Soudan. Il créa également deux territoires militaires à proximité de la bouche du Niger et les plaça sous l'autorité du gouverneur général. Ce dernier était

1

ainsi à la fois gouverneur du Sénégal et gouverneur de ces deux nouveaux territoires : un commandant supérieur des troupes lui était adjoint.

Mais les dispositions de ce décret furent bientôt reconnus insuffisantes, car l'autorité du gouverneur général sur les gouverneurs locaux était presque nulle. Le décret du 1er octobre 1902 vint donc renforcer cette autorité en l'étendant à tous les services locaux et en lui rattachant un organisme financier spécial, ayant trait aux recettes et aux dépenses générales de l'Afrique occidentale. Et pour bien montrer la suprématie du gouvernement général, il transféra le siège de ce dernier de Saint-Louis à Dakar. Enfin, la colonie du Sénégal sera désormais administrée par un lieutenant-gouverneur. Quant aux pays de protectorat dépendant de cette dernière colonie, c'est-à-dire les anciens territoires du Haut-Sénégal et du Niger, ils sont groupés sous le nom nouveau de Territoires de la Sénégambie et du Niger, et administrés par le gouverneur général, qui se sert de l'intermédiaire de son délégué permanent à Kayes, avec l'assistance d'un conseil d'administration.

Un secrétaire général, ainsi qu'un conseil de gouvernement, sont attachés au gouvernement général.

L'œuvre d'unification a été complétée en 1904 par le décret du 18 octobre « portant réorganisation du gouvernement général de l'Afrique occidentale française (1) », qui marque la dernière

(1) Voyez *Bulletin de l'Afrique occidentale française,* 1904, page 720 et suivantes.

étape de l'Afrique occidentale vers son homogé-
néité. Ce décret commence par remanier les limites
des colonies placées sous l'autorité du gouverneur général, qui sont maintenant ainsi divisées :
le Sénégal, la Guinée française, la Côte-d'Ivoire,
le Dahomey, le Haut-Sénégal et Niger, le territoire civil de la Mauritanie. Le Sénégal se compose
« d'une part des territoires d'administration directe
formant la circonscription actuelle du Sénégal, et,
d'autre part des pays de protectorat de la rive
gauche du Sénégal, qui cessent de faire partie de
la Sénégambie-Niger ». La Guinée, la Côte-d'Ivoire
et le Dahomey conservent leurs limites actuelles.
La colonie du Haut-Sénégal et Niger comprend
« les anciens territoires du Haut-Sénégal et du
Moyen-Niger, et ceux qui forment le troisième
territoire militaire (1). Le chef-lieu sera établi à
Bammako ». Un nouveau territoire, le territoire
civil de la Mauritanie, est créé sur la rive droite
du Sénégal.

Puis, le décret énumère les différentes fonctions
du gouverneur général. C'est lui qui représente la
République en Afrique occidentale ; par conséquent, lui seul possède « le droit de correspondre
avec le gouvernement », d'organiser les services
et de nommer les fonctionnaires civils, sauf les
« lieutenants-gouverneurs, les secrétaires généraux, les magistrats, les directeurs du contrôle

---

(1) Cette colonie se compose : *a)* des cercles d'administration civile parmi lesquels sont compris ceux qui forment
actuellement le deuxième territoire militaire ; *b)* d'un territoire
militaire, dit « territoire du Niger », qui comprend les circons-
criptions actuelles des premier et troisième territoires militaires.

et des services généraux, les administrateurs et ceux dont la nomination est réservée à l'autorité métropolitaine par des actes organiques ». Mais les nominations à ces derniers emplois se font sur sa présentation. Ce droit de nomination peut être délégué par le gouverneur général aux lieutenants-gouverneurs, mais d'une façon limitative et sous sa responsabilité.

L'article 6 du décret du 18 octobre établit l'organisation administrative des colonies. Le Sénégal, la Guinée, la Côte-d'Ivoire, le Dahomey, le Haut-Sénégal et Niger sont administrés par un lieutenant-gouverneur assisté d'un secrétaire général, et la Mauritanie par un commissaire du gouvernement général. Quant au territoire militaire dépendant de la colonie du Haut-Sénégal et Niger, l'administration directe est faite par un officier portant le titre de « commandant du territoire militaire ». L'article 8 assure l'autonomie financière des colonies et prévoit sur quels fonds seront prélevés les budgets locaux et à quelles dépenses ils auront à faire face.

Ceux-ci sont alimentés « par les recettes perçues sur les territoires de ces colonies, à l'exception de celles attribuées au budget général ou aux communes ; ils pourvoient à toutes les dépenses autres que celles inscrites à ce budget ou à celles des communes (1) ».

L'article 7 institue un budget général de l'Afrique

(1) Les recettes et les dépenses des territoires d'administration directe et des pays de protectorat forment deux budgets distincts. Celles de la Mauritanie forment un budget annexe à celui du gouvernement général.

occidentale française. Après avoir énuméré les dépenses qui relèvent du nouveau budget (1), il indique les sources où il trouvera les fonds nécessaires (2). C'est le gouverneur général qui en est l'ordonnateur. Quant aux budgets locaux, chaque lieutenant-gouverneur est l'ordonnateur de celui de la colonie qu'il administre, sous le contrôle du gouverneur général. La même règle est applicable au commissaire du gouvernement général en Mauritanie et au commandant du territoire du Niger, avec cette différence que ce dernier, au lieu d'être placé sous le contrôle direct du gouverneur général, est placé sous celui du lieutenant-gouverneur du Haut-Sénégal. Le mode d'assiette, la quotité, les règles de perception, les comptes du budget général sont établis et arrêtés par le gouverneur général en conseil de gouvernement. Les budgets locaux sont arrêtés dans les mêmes conditions. Tous ces budgets doivent être approuvés par décret en Conseil d'État.

Le trésorier-payeur du Sénégal est en même temps trésorier-payeur de l'Afrique occidentale française. Cela résulte de l'article 11 du décret

(1) Le budget général pourvoit aux dépenses : *a)* du gouvernement général et des services généraux ; *b)* du service de la dette ; *c)* de l'inspection mobile des colonies ; *d)* des contributions à verser à la métropole ; *e)* du service de la justice française ; *f)* des travaux publics d'intérêt général ; *g)* aux frais de perception des recettes attribuées au budget général.

(2) Ces sources sont : *a)* les recettes propres aux services mis à sa charge ; *b)* le produit des droits de toute nature, à l'exception des droits d'octroi communaux perçus à l'entrée et à la sortie dans toute l'étendue de l'Afrique occidentale française sur les marchandises et sur les navires.

Le budget général peut en outre recevoir des contributions des budgets des diverses colonies ou leur attribuer des subventions.

qui fixe ses attributions et celles des trésoriers-payeurs des autres colonies (1).

Trois autres décrets, datés du même jour, sont venus compléter celui que nous venons d'analyser.

Le premier est destiné à réorganiser le Conseil de gouvernement de l'Afrique occidentale française, qui est actuellement composé de la façon suivante (art. 1er) :

Le gouverneur général, président ;

Le général commandant supérieur des troupes ;

Le contre-amiral commandant la division navale de l'Atlantique ;

Le secrétaire général du gouvernement général ;

Les lieutenants-gouverneurs du Sénégal, du Haut-Sénégal et Niger, de la Guinée, de la Côte-d'Ivoire et du Dahomey ;

Le procureur général de l'Afrique occidentale française ;

Le commissaire du gouvernement général de la Mauritanie ;

Les chefs des services généraux de l'Afrique occidentale française ;

(1) Le trésorier-payeur de l'Afrique occidentale « effectue ou centralise les opérations en recettes et en dépenses du budget général de l'Afrique occidentale française, du budget annexe de la Mauritanie, les budgets des territoires d'administration directe et des pays de protectorat du Sénégal ». Les trésoriers-payeurs des autres colonies « effectuent directement les opérations en recettes et en dépenses des budgets... A cet égard, ils ont une gestion personnelle et sont justiciables de la Cour des comptes. Ils agissent pour le compte du trésorier-payeur du Sénégal en ce qui concerne les opérations du budget général de l'Afrique occidentale française. « Sont maintenues au profit des trésoriers-payeurs des différents budgets locaux les remises qui leur sont actuellement allouées à l'occasion de la perception des droits de toute nature qui frappent les marchandises et les navires à l'entrée et à la sortie dans toute l'étendue de l'Afrique occidentale. »

Le président du Conseil général du Sénégal ;

Un conseiller privé du Sénégal, désigné par le gouverneur général sur la proposition du lieutenant-gouverneur du Sénégal ;

Un des habitants notables membres du conseil d'administration de chacune des colonies du Haut-Sénégal et Niger, de la Guinée, de la Côte-d'Ivoire et du Sénégal, annuellement désigné par le gouverneur général sur la proposition des lieutenants-gouverneurs de ces colonies ;

Le chef du cabinet du gouverneur général, secrétaire, avec voix délibérative.

L'inspecteur des colonies, les chefs des services civils, militaires et maritimes peuvent être appelés en Conseil de gouvernement « lorsqu'il s'y traite des affaires de leur compétence » ; ils ont voix consultative (art. 2 et 3).

Le Conseil tient au moins une session par an ; il est le collaborateur du gouverneur général sur les questions budgétaires, de travaux publics, de droits de douane, de colonisation et d'administration générale. L'article 7 prévoit la création d'une commission permanente du conseil de gouvernement « destiné à donner son avis sur les affaires susceptibles d'être soumises à l'examen de ce conseil (1).

(1) « Cet avis peut remplacer, en cas d'urgence, l'avis du Conseil, sauf en ce qui concerne l'établissement du budget général et des budgets locaux. La commission permanente est présidée par le gouverneur général et convoquée par lui ; elle comprend : le gouverneur général, président ; le commandant supérieur des troupes ; le secrétaire général du gouvernement général ; le lieutenant-gouverneur de la colonie où se réunit la commission ; le procureur général ; le chef des services généraux ; le membre notable de la colonie où se réunit

Le gouverneur général désigne la ville où se réunira la commission.

Le second décret crée un conseil d'administration de la colonie du Haut-Sénégal et du Niger.

Enfin, le troisième décret spécifie que désormais « les membres des conseils d'administration des colonies de la Guinée française, de la Côte-d'Ivoire et du Dahomey, choisis parmi les habitants notables, soit comme titulaires, soit comme suppléants, seront nommés par le gouverneur général sur la proposition du lieutenant-gouverneur de chaque colonie ».

Ainsi l'œuvre législative du 18 octobre a constitué en un bloc compact nos colonies de l'Afrique occidentale. Le gouverneur général est maintenant complètement indépendant et libre d'exercer son action politique, administrative et financière. Pour assurer cette indépendance, trois réformes principales ont été apportées :

1º *Au point de vue politique*, le décret de 1904 reconnaît dans son article 2 que le gouverneur général est « le dépositaire des pouvoirs de la République » et que seul il a « le droit de correspondre avec le gouvernement ». Il promulgue les actes officiels par l'intermédiaire du « Journal officiel de l'Afrique occidentale française ».

2º *Au point de vue administratif*, il est déchargé de la gestion de toute colonie, puisque les territoires du Haut-Sénégal et du Niger, qui, aux

la commission ; le chef de cabinet, secrétaire, avec voix délibérative... Elle est constituée en conseil de contentieux par l'adjonction de deux conseillers à la Cour d'appel nommés au commencement de chaque année, et pour sa durée, par le gouverneur général. »

termes du décret du 1er octobre 1902, étaient placés sous son autorité directe, sont maintenant constitués en colonie et administrés par un lieutenant-gouverneur.

3° Enfin, *sur le terrain financier*, la création d'un organisme spécial, permettant de « pourvoir aux dépenses d'intérêt commun et de représenter réellement la personnalité civile de l'Afrique occidentale française vis-à-vis des porteurs de titres de l'emprunt de 1903 et des futurs emprunts éventuels que pourra comporter le développement normal de notre empire africain », achève de donner au gouverneur général son véritable rôle « de haute direction et de contrôle permanent de l'Afrique occidentale française ».

La circulaire du 24 janvier 1905 est venue régler les détails d'ordre pratique du décret de 1904 en indiquant de quelle façon le gouvernement général comptait voir fonctionner les différents rouages administratifs de nos colonies. On peut actuellement considérer comme close l'évolution politique de l'Afrique occidentale, et cette organisation solide lui permettra une rapide progression économique.

PREMIÈRE PARTIE

LA PRODUCTION EN AFRIQUE OCCIDENTALE FRANÇAISE.

L'économie politique nous apprend que, pour produire, trois éléments sont indispensables : la nature, le capital et le travail. L'absence de l'un d'eux entraîne *ipso facto* l'inutilité des deux autres. En effet, si c'est le capital qui manque, comment se procurer les semences et outils nécessaires à la culture? Si c'est la main-d'œuvre, à quoi serviront la terre, l'argent et les instruments de travail? Ces trois éléments sont donc indissolublement liés. Et cette vérité économique s'applique aussi bien aux colonies qu'à la métropole : toute entreprise coloniale est vraisemblablement destinée à échouer si le capital ou le travail lui fait défaut.

Nous étudierons dans notre première partie chacun de ces trois facteurs de la production au point de vue de l'Afrique occidentale française.

Dans un titre premier, nous verrons les différentes productions et industries qui s'y sont développées. Dans un titre second, nous envisagerons la question de la main-d'œuvre et, enfin, dans un titre troisième, nous examinerons la question du crédit.

TITRE PREMIER

L'AGRICULTURE ET L'INDUSTRIE.

En Afrique occidentale, comme dans la presque généralité de nos colonies, l'agriculture est la principale, pour ne pas dire l'unique ressource. L'industrie ne s'y trouve, en effet, qu'à l'état d'essai et, à part les industries locales indigènes, qui fournissent au noir les objets indispensables, et quelques industries européennes, presque toutes inhérentes à la voie ferrée, on peut dire qu'elle fait à peu près complètement défaut. C'est donc l'agriculture qui est appelée à rémunérer la métropole des sacrifices qu'elle fait et qu'elle doit faire pour donner à nos colonies un outillage économique suffisant. C'est pourquoi nous insisterons spécialement sur cette partie de notre ouvrage, et notamment sur les productions qui semblent constituer la richesse présente et future de l'Afrique occidentale française, telles que l'arachide, le caoutchouc et le coton.

SECTION PREMIÈRE

L'AGRICULTURE

C'est surtout depuis ces dernières années que la production agricole a pris une extension considérable. Auparavant, lorsque, par suite d'une politique d'atermoiements et d'hésitations, l'Afrique occidentale était encore fermée au progrès, son commerce d'exportation était à peu près nul. Mais elle a secoué son engourdissement et s'est réveillée pleine de force et d'énergie, demandant elle aussi à participer aux bienfaits de la civilisation et du modernisme. Et pour arriver à ses fins elle a réclamé le concours de la métropole, concours que celle-ci ne lui a pas refusé, certaine qu'elle était d'être plus tard récompensée des sacrifices nécessités par la mise en valeur de notre Ouest-Africain. L'Administration n'a rien négligé pour utiliser ces vastes territoires : travaux d'assainissement, construction de ports, création de voies de pénétration, etc..., tout cela est destiné à contribuer dans la plus large mesure au developpement de leur vie économique et à l'augmentation de l'exportation de leurs produits. Des jardins et des fermes d'essai ont été créés pour permettre de choisir avec des données précises les diverses variétés de plantes susceptibles d'être cultivées avec fruit et de sélectionner judicieusement les races, tout en recherchant celles qui pourront s'acclimater facilement. Ces établissements, dont chaque colonie de l'Afrique occidentale est dotée, éviteront au colon et à l'éleveur des tâtonnements préliminaires infructueux et décourageants, et contribueront aux rapides progrès agricoles de ces colonies.

Nous diviserons l'étude de cette première section en huit chapitres :

Chapitre premier. — *L'arachide et ses transformations industrielles.*

Chapitre II. — *Le caoutchouc.*

Chapitre III. — *Le coton.*

Chapitre IV. — *Le palmier à huile.*

Chapitre V. — *Bananes et ananas.*

Chapitre VI. — *Le mil.*

Chapitre VII. — *Autres cultures et produits de l'Afrique occidentale.*

Chapitre VIII. — *L'élevage.*

CHAPITRE PREMIER

***

L'arachide et ses transformations industrielles.

***

Dans ce premier chapitre, nous étudierons en deux paragraphes différents la production de l'arachide, et les différentes transformations industrielles qu'elle subit.

I. Production de l'arachide.

Origines. — La question de la provenance de cette graine oléagineuse est controversée ; les uns optent pour la Chine, les autres pour le Brésil, et il semble bien que ce soit dans ce dernier pays que, pour la première fois, elle a été cultivée.

L'arachide est connue en France depuis 1723 ; mais on ne l'utilisait pas encore dans l'industrie, on la consommait en tant que graine alimentaire. D'ailleurs, aujourd'hui encore, les marchands de comestibles la vendent sous le nom de « cacahuete » ou pistache de terre. Son emploi dans l'industrie ne date guère que de 1841. M. Rousseau, chimiste et représentant d'une maison de commerce au Sénégal, s'étant assuré du parti que l'on pouvait tirer de l'amande de cette plante pour la fabrication de l'huile, encouragea de toutes ses forces la production de l'arachide et arriva à d'excellents résultats (1). Les premiers envois furent faits de Rufisque et de Saint-Louis.

Notions botaniques. — L'arachide est une plante herbacée annuelle, atteignant au Sénégal de 25 à 50 centimètres de hauteur. Ses fleurs sont de couleur jaune d'or ; ses feuilles sont alterne. Le fruit, sorte de gousse oblongue, se compose généralement de deux ou plusieurs graines entourées d'un péricarpe rouge brique (2).

Climat et terrains propres à la culture de l'arachide. — L'arachide, pour sa bonne venue, demande avant tout un climat et un terrain spéciaux.

Le climat de Sénégambie, à la fois chaud et humide pendant une partie de l'année, se prête admirablement à sa culture. On plante les graines au début de l'hivernage, lorsque le sol est suffisamment détrempé, c'est-à-dire du 15 juin au

(1) L'esclavage étant encore dans toute sa vigueur, M. Rousseau eut l'idée de persuader aux traitants noirs d'employer leurs esclaves à la production de l'arachide, en refusant d'échanger des produits européens contre de la marchandise humaine. Il leur fit savoir que, par contre, il consentait à troquer lesdits produits contre des arachides. Le résultat fut immédiat ; les traitants, ne pouvant se servir de leurs esclaves comme monnaie courante, employèrent ceux-ci à la production des graines demandées.

(2) Notons qu'il y a au Sénégal plusieurs espèces d'arachides. L'arachide ordinaire, la plus connue, porte des fruits sur toutes les parties de ses branches. L'autre espèce, appelée arachide « *Virgina* », ne donne des fruits que dans le bas des tiges, ce qui fait que les gousses s'enfoncent en terre. Cette dernière sorte est bien plus hâtive que la première, et avec un hivernage assez long, on peut arriver facilement à obtenir deux récoltes.

15 août, pour recueillir la récolte au commencement de la saison sèche, vers novembre ou décembre. Pendant la saison des pluies, la température
varie entre 28 et 31 degrés à l'ombre et 48 et 50
au soleil ; la nuit, le thermomètre descend rarement à 20 degrés.

Quant au terrain du Sénégal, il est particulièrement léger, notamment dans les régions du
Cayor, du Baol, du Sine, du Oualo.

Voici la composition des meilleurs longans
d'arachide :

Sable siliceux et silice	84	p. 100.
Alumine	5	—
Carbonate de chaux	4,6	—
Oxyde de fer	0,5	—
Humus	5,9	—
	100	p. 100.

Les terrains d'alluvion sont également excellents.

Culture et récolte. — La préparation du sol est
assez rudimentaire : l'indigène ne connaît pas
l'emploi des engrais ni des fumures. Il se contente
de brûler la broussaille qui croît sur son champ
et d'en éparpiller les cendres Puis il remue la
terre avec un instrument appelé « hilaire » (1).
L'emploi de la charrue serait à préconiser, car

(1) L'hilaire est une sorte de petite bêche en forme de croissant, composée d'une lame plate en fer forgé, fixée à l'extrémité d'un manche mesurant environ 2 mètres à 2 m. 50 de
long.

le rendement serait ainsi de beaucoup augmenté (1).

Après ce labour sommaire, le noir procède à l'ensemencement (2). Il ne fait guère de sélection entre les graines d'arachide : il sème indifféremment les grosses et les petites (3). C'est ce qui explique la dégénérescence constatée en quelques points du Sénégal, notamment dans la banlieue de Saint-Louis. Mais le gouvernement exerce son action salutaire sur les indigènes, et il faut espérer que ceux-ci comprendront de plus en plus la nécessité qu'il y a de sélectionner leurs graines.

La végétation apparaît généralement une huitaine de jours après les semailles, et les fleurs, de trente à quarante jours après la levée (4). Vers la mi-octobre, les tiges commencent à se faner pro-

(1) Voici le résultat des rendements obtenus en 1899 à la ferme d'expériences de M. Bambey, dans le Baol :

SUPERFICIE des parcelles d'expériences.	RENDEMENT				OBSERVATIONS
	DES PARCELLES		A L'HECTARE		
	en gousses sèches.	en paille sèche.	en gousses sèches.	en paille sèche.	
1 are.	24 k. 500	28 k »	2450 k.	2800 k.	Parcelle préparée à la charrue.
1 are.	17 k. »	16 k. »	1750 k.	1600 k.	Parcelle préparée à l'hilaire.

(2) Pour ensemencer un hectare, il faut à peu près 100 kilogs de graines.

(3) En certains endroits, pour que la germination se produise plus rapidement, les graines sont plongées pendant quelques jours dans un récipient rempli d'eau.

(4) Il faut noter que, au cours de la végétation, l'indigène procède à plusieurs sarclages. Le premier a lieu dans la première quinzaine après la levée. On peut compter, jusqu'à complète maturité, trois ou quatre sarclages.

gressivement, jusqu'à maturité complète des gousses.

La récolte se fait environ trois ou quatre mois après l'ensemencement et dure parfois jusqu'en janvier et même en février. Elle présente une certaine analogie avec celle de la pomme de terre en France. L'indigène, muni de son hilaire, soulève et arrache les plants, tout en vérifiant s'il n'est pas resté de gousses dans la terre. Puis il en forme des petits tas.

Après quelques jours, les femmes et les enfants détachent les gousses des pédoncules. Si la récolte est abondante, le noir procède au battage des plants à l'aide d'une gaule.

C'est après ces diverses opérations que l'arachide arrive dans les comptoirs européens.

Il est intéressant de connaître le salaire de l'ouvrier employé aux différents travaux mentionnés ci-dessus.

Le salaire journalier donné au noir est de un franc. A ce taux, le prix de revient pour la culture d'un hectare est de 160 francs environ.

Préparation du terrain.....	20 fr.
Semences (50 kg au moins) à 20 fr. les 100 kg.	10
Semailles (main-d'œuvre)...................	20
Sarclages (un à 20 fr. et deux à 15 fr.)........	50
Arrachage et mises en meules............. .	30
Battage et liage de la paille......	40
	160 fr.

En utilisant les instruments modernes : charrues, scarificateurs, semoirs, houes, on peut

diminuer sensiblement les frais de culture et augmenter le rendement (1).

Traite de l'arachide et transport. — La traite
commence dès que la récolte est faite, mais elle
est peu active en novembre et pendant les premiers jours de décembre. Elle ne bat son plein
qu'à partir de la seconde quinzaine de décembre
jusqu'à fin février. Elle subit une diminution sensible en mars et se termine fin avril.

Les marchés se trouvent le long de la voie
ferrée Dakar-Saint-Louis. Il est à prévoir qu'il
s'en formera de nouveaux sur le parcours de la
ligne Thiès-Kayes, dès que le projet présent sera
devenu une réalité.

Les centres les plus importants où se pratique
le commerce de l'arachide sont tout d'abord
Rufisque et Saint-Louis, qui sont aussi les points
d'exportation de ces graines en France et à
l'étranger, en vue de leur transformation industrielle.

Il faut citer également Thiès, Tivaouane et
Louga.

Les principales maisons de commerce se trouvent à Rufisque. En général, ces maisons n'agissent
pas directement : elles se servent de l'intermédiaire des traitants, auxquels, en outre des
appointements, elles allouent un tant pour cent
sur les affaires qu'ils ont faites, en moyenne
o fr. 5o par 100 kilogs de graines achetées. Cer-

(1) Voyez *Notice Sénégal-Soudan,* publiée à l'occasion de
l'Exposition universelle de 1900.

tains traitants, au lieu d'être des salariés, vendent à forfait et à leurs risques et périls aux maisons de commerce. La vente a lieu généralement au poids et non à vue. Les indigènes acceptent actuellement de la monnaie en paiement de leur marchandise ; mais il y a encore peu de temps, ils exigeaient, en retour de leurs récoltes, des étoffes ou des objets d'importation. Cette évolution provient en partie de l'obligation qu'ils ont de payer leurs impôts en argent.

Quant au transport des arachides, il est très facile pour les régions desservies par la voie ferrée (1) ; pour les autres, on se sert de l'intermédiaire des Maures, qui apportent les marchandises à l'escale à dos de chameaux, de bœufs ou d'ânes. Lorsque les graines sont en nombre suffisant, elles sont exportées en Europe sur des navires de premier ordre et construits en fer pour ne pas nuire à leur qualité.

Rendement de l'arachide. Sa qualité. — Deux facteurs font varier le rendement de l'arachide : le mode de culture et le terrain. Comme nous l'avons déjà vu, la culture à l'aide de la charrue donne de bien meilleurs résultats que celle à l'hilaire. Dans les terrains siliceux, le rendement est d'environ 90 pour 1 ; dans les terres plus lourdes, il n'est que de 25 à 40 pour 1. Un plan d'arachide, venu

(1) L'expédition par voie ferrée se fait ordinairement en sacs de 80 à 100 kilogs. Le prix de transport d'une tonne d'arachides de N'Dandé à Saint-Louis et à Rufisque est d'environ 14 francs ; de Kébémer à Saint-Louis, il est de 10 francs ; de M'Pal à Saint-Louis, il est de 4 fr. 90.

dans de bonnes conditions, peut donner 200 pour 1 et même plus, et un hectare fournit une moyenne de 60 à 100 hectolitres de graines (1). Toutefois, cela varie suivant les régions : ainsi le Cayor, le Baol, le Diander, le Sine, le Saloum, produisent de 3,000 à 4,500 kilogrammes à l'hectare et les régions des rivières du Sud et de la Gambie, 1,500 à 2,000 kilogrammes seulement pour une même superficie.

Quant à la qualité des graines, celles qui sont originaires du Cayor, du Baol et du Diander sont justement réputées (2).

Valeur commerciale de l'arachide. — Les bonnes graines de Sénégambie, rendues à Bordeaux, valent environ 42 francs les 100 kilogs. Les graines de qualité médiocre, dans les mêmes conditions, sont payées 22 francs. Les cours varient généralement entre ces deux chiffres.

A Rufisque, le prix moyen est de 17 fr. 50 les 100 kilogs, et à Saint-Louis de 16 fr. 50 (3).

Le transport à Bordeaux ou à Marseille est estimé à environ 5 francs par 100 kilogs.

---

(1) Ce qui équivaut à 2,300 à 3,400 kilogs. Le rendement d'un hectare en racines, tiges et feuilles est de 2.100 kilogs si elles sont encore vertes, et du 15 kilogs lorsqu'elles sont sèches. On les utilise pour le bétail.

(2) La qualité des graines dépend également de la température. Ainsi, dans les années chaudes et humides, les arachides sont de qualité supérieure. Si les pluies sont trop abondantes, elles ne mûrissent pas et leur rendement en huile est inférieur de 4 0/0 à celui des bonnes années. Si l'eau manque, les graines sont petites.

(3) Dans les différentes escales, le prix varie, car il faut le combiner avec le coût du transport jusqu'au port d'embarquement.

Bonifications. — Dans la vente de l'arachide, il faut tenir compte des bonifications accordées à l'acheteur et distinguer la bonification ordinaire de la bonification exceptionnelle. La première est déterminée par des experts spéciaux. Elle porte sur la terre, les cosses vides et les avaries que peuvent contenir les livraisons d'arachides, sous la déduction d'une franchise de 2 o/o accordée au vendeur. La bonification exceptionnelle est accordée à l'acheteur pour avaries, lorsque celles-ci dépassent la proportion de 1 o/o. Dans aucun cas, la bonification exceptionnelle ne peut amener le prix de vente au-dessous de celui des plus mauvaises graines de Sénégambie, dénommées « Bas-de-Côte ».

M. Fleury s'exprime ainsi relativement au calcul de la bonification exceptionnelle :

« On cherche dans quelle catégorie vous classe la différence du prix des « Bas-de-Côte » au prix de vente et on multiplie ce chiffre par le chiffre d'avarie que donne l'expertise : le résultat s'ajoute à la bonification ordinaire pour avoir la bonification totale (1). »

Avenir de la production de l'arachide au Sénégal. — Existe-t-il des moyens d'augmenter la production de l'arachide au Sénégal ? Ce n'est certes pas que la situation présente ne soit pas prospère ; qu'il nous suffise de jeter les yeux sur la quote-part d'arachides fournie par cette colonie à la produc-

---

(1) Voyez Fleury. *L'arachide*, principalement celle de la Sénégambie (1900).

tion mondiale et nous aurons la preuve du contraire. L'importation totale de ces graines en France atteint en une année normale 145,000,000 de kilogs environ. La part de la Sénégambie y est de 70,000,000 de kilogrammes. C'est-à-dire qu'à elle seule elle représente la moitié de l'arachide utilisée par l'industrie française.

Et les statistiques permettent de constater que la France n'est pas le seul pays qui s'approvisionne en Sénégambie. En effet, après la France, qui importe 112,000 tonnes, nous trouvons la Hollande, dont l'importation s'élève à 20,000, puis l'Allemagne à 10,000, la Belgique à 4,000, le Danemark à 1,900, l'Angleterre à 1,700, et enfin les autres pays à 1,600, d'où 36,000 tonnes vendues à l'étranger, qui produisent 5 millions et demi de francs (1).

Ces chiffres prouvent combien la production de l'arachide est développée au Sénégal, et en grande partie notre armement bénéficie de cette richesse, car le transport de cette marchandise est très rémunérateur, puisque celle-ci cube plus du double d'une marchandise ordinaire.

Mais ne peut-on faire encore mieux ? La réponse est indubitablement affirmative, car les immenses territoires du Sénégal et du Haut-Sénégal sont encore loin d'être mis entièrement en exploitation et l'on estime que la culture de l'arachide n'est actuellement pratiquée que sur 24,000 hectares environ.

Et la production est bien près d'atteindre la

(1) *Quinzaine coloniale*, n° du 10 janvier 1906.

limite que les moyens de transports actuels lui permettent d'atteindre. Il faut donc créer de nouvelles pistes et routes et surtout réaliser le plus vite possible le projet de chemins de fer Thyes-Kayes. Et « s'il est vrai qu'à chaque kilomètre de voie ferrée correspond la production de 400 tonnes d'arachides, la construction d'un seul tronçon de 100 kilomètres dans la direction projetée augmenterait la production du Sénégal de 40,000 tonnes, soit près de 10 millions de francs (1) ».

Mais il ne suffit pas d'établir de nouveaux moyens de communication, il faut encore perfectionner les procédés culturaux. Il faut amener l'indigène à améliorer la qualité de sa récolte en sélectionnant ses graines ; lui apprendre à renouveler fréquemment ses semences et à les choisir dans les régions fertiles en arachides ; enfin, il faut lui persuader d'employer des instruments aratoires plus perfectionnés, de substituer la charrue à l'hilaire, de se servir du scarificateur, de la houe, du semoir.

Et lorsque ce double progrès sera réalisé, lorsque les voies de communication seront multipliées et que la culture de l'arachide sera devenue conforme aux procédés modernes, on pourra constater une énorme augmentation dans le rendement et l'exportation de ce produit.

(1) *Quinzaine coloniale*, n° du 10 janvier 1906.

II. Transformations industrielles de l'arachide.

Avant de passer en revue les différentes transformations subies par l'arachide, il convient de poser la question suivante : Pourquoi cette utilisation industrielle a-t-elle lieu en Europe et non sur place ?

Il semble que l'économie serait plus grande ; le prix de transport serait ainsi notablement abaissé, car l'arachide, qui tient sur un navire une énorme place en tant que graine, verrait son volume diminuer considérablement.

En un mot, pourquoi ne pas établir au Sénégal d'huileries d'arachides ? L'expérience s'est chargée de résoudre la question. Des huileries s'étaient primitivement fondées dans cette colonie. Mais elles ne purent pas faire de commerce d'exportation pour la raison suivante : l'huile rancit durant la traversée, d'où elle ne peut guère être employée que pour la fabrication du savon. Quant aux tourteaux, ils ne peuvent être utilisés que comme engrais, l'odeur désagréable qu'ils ont acquise pendant le parcours ne leur permettant pas de servir à la nourriture des animaux.

On ne peut même pas songer à expédier les graines décortiquées, car l'huile que l'on fabriquerait avec elles serait rance, les amandes s'échauffant en route.

C'est donc en Europe que l'on procède à la transformation industrielle de ce produit. En

France, les huileries les plus importantes se trouvent à Marseille et à Bordeaux (1).

Fabrication. — L'arachide, pour être transformée en huile et en tourteaux, passe par les phases industrielles suivantes :

1° Nettoyage de la graine ;

2° Décorticage ;

3° Blutage et ventilation pour la séparation des cosses ;

4° Ecrasage entre les laminoirs ;

5° Première pression à froid ;

6° Trituration, sous les meules, du tourteau provenant de la première pression ;

7° Deuxième pression à froid ;

8° Trituration, sous les meules, du tourteau provenant de la deuxième pression ;

9° Criblage de la pâte destinée à la troisième pression, pour la débarrasser des débris de toutes sortes et des fibres végétales qui y ont été mélangées pendant les précédentes pressions ;

10° Chauffage de la pâte destinée à la troisième pression ;

11° Troisième pression de la pâte chauffée ;

---

(1) Voici quel est à peu près le nombre des huileries à arachide établies en France :

Marseille	40
Bordeaux	2
Laubardemont et Abzac (près de Coutras)	2
Nantes	1
Caen	1
Seine-Inférieure	2
Pas-de-Calais	2
Nord	2
Total	52

Mais, sur ce nombre, 15 seulement sont employées spécialement à la fabrication ; les autres traitent d'autres graines oléagineuses secondaires.

12° Préparation du tourteau et précautions à prendre avant de l'emmagasiner.

Nous allons donner quelques explications sommaires sur ces différentes opérations.

On commence par séparer les graines des différents corps étrangers, tels que terre, tiges, cosses, feuilles, pédoncules, qui peuvent s'y trouver mélangés. Cette sélection se fait à l'aide de sasseurs, blutoirs et ventilateurs.

Ensuite a lieu le décortiquage au moyen d'un appareil composé soit de plusieurs cylindres cannelés, soit de deux disques rayés, dont l'un est mobile, faisant de 3oo à 4oo tours à la minute. Ces décortiqueurs, entre lesquels passe l'amande, sont destinés à ouvrir le péricarpe sans abîmer son contenu et à enlever l'épisperme rouge vineux qui entoure l'amande et qui donnerait à l'huile un goût âcre.

Puis les amandes, péricarpes et épispermes, sont mis dans un blutoir ou dans un sasseur. La ventilation permet à l'amande de tomber entre les laminoirs. Les péricarpes et les épispermes, étant donnée leur légèreté, sont chassés par le vent produit.

Les laminoirs sont composés de cylindres unis, en fonte, à deux rangs superposés. Ils déchirent les vésicules qui renferment l'huile ; celle-ci est ainsi extraite facilement lorsque la pâte est passée à la presse. Après l'écrasage, la pâte ainsi formée est ensachée dans des « scourtins » (1) au moyen

---

(1) Le scourtin est un tissu en poils et crins mélangés, ou bien en crins et fibres de coco, ou encore en crins et fibres de sisal. Ce dernier tissu vaut 3 fr. le kilogramme ; le premier de 3.75 à 4 fr. le kilogramme.

-de distributeurs mesurant à quantité égale. Ces scourtins sont alors comprimés au moyen d'une presse, afin qu'on puisse en loger le plus grand nombre possible dans les presses d'extraction.

Après cette première opération, ils subissent la compression destinée à obtenir l'huile première pression. Des rigoles spéciales, conduisent l'huile de la presse dans des bassins où elle se décante. Puis on obtient l'huile deuxième pression à froid également après un rebat au moulin de la pâte provenant de la première pression.

Quant à l'huile de la troisième pression, elle est extraite après un second rebat au moulin de la pâte qui provient de la deuxième pression, mais on lui fait subir au préalable une légère torréfaction dans des chauffoirs à vapeur pour coaguler l'albumine végétale.

Le tourteau résultant de cette dernière pression renferme encore un peu d'huile (1) et, si on veut isoler celle-ci, on est obligé de recourir à des moyens chimiques (2). On lui donne l'aspect marchand en rognant les bavures qui se forment sur ses bords au moyen d'un couteau mécanique (3).

Richesse en huile de l'arachide. — La provenance et la qualité de la graine sont pour beau-

---

(1) Environ 5 à 8 pour cent.

(2) La température de la pâte après la première pression est de 10 degrés centigrades, de 30° après la deuxième pression et enfin de 45° à 48° après la troisième.

(3) Ces divers renseignements sur la fabrication de l'arachide sont empruntés à l'ouvrage de M. Fleury.

coup dans sa richesse en huile. Les graines qui donnent le plus grand rendement sont celles du Cayor et de Rufisque.

Voici le rendement des arachides en cosses de bonne qualité :

$$
\begin{array}{l}
1^{re}\ \text{pression : Rendement} = 21\ 0/0 \\
2^{e}\ \text{pression : Rendement} = 6\ 0/0 \\
3^{e}\ \text{pression : Rendement} = 5\ 0/0 \\
\hline
\qquad\qquad\qquad \text{Total.... } 32\ 0/0
\end{array}
$$

Les mêmes arachides décortiqués fournissent :

$$
\begin{array}{l}
30,55\ 0/0 \text{ à la } 1^{re} \text{ pression.} \\
8,53\ 0/0 \text{ à la } 2^{e} \text{ pression.} \\
6,94\ 0/0 \text{ à la } 3^{e} \text{ pression.} \\
\hline
\text{Total . . . } 45,82\ 0/0.
\end{array}
$$

Mais, en moyenne, le rendement ne dépasse guère 29 à 31 50 o/o.

Huile d'arachide. — Cette huile est renfermée dans les petits vésicules de la graine déchirés par la trituration. Sa couleur varie du jaune paille au jaune foncé, selon la fraîcheur de l'amande et son lieu de provenance. Elle renferme un peu plus de margarine que d'huile d'olive.

Fait curieux : si on la laisse exposée pendant un certain temps à l'action solaire, elle perd sa coloration et blanchit complètement.

Emploi de l'huile d'arachide. — A ce point de vue, il faut établir une distinction, selon qu'il s'agit d'huile de première, deuxième ou troisième pression.

L'huile première pression est le succédané de l'huile d'olive. Il est certain que l'huile provenant des arachides du Cayor et de Rufisque peut rivaliser avantageusement avec cette dernière.

Elle trouve également son emploi dans la fabrication de la margarine, où il entre 5o o/o de bon lait environ et de 20 à 3o o/o d'huile, de Cayor où de Rufisque, première pression.

L'huile deuxième pression peut servir comme huile comestible, mais il va sans dire qu'elle ne vaut pas l'huile première pression. On l'emploie plutôt pour l'éclairage, le blanchîment de la soie et de la laine. Quant à l'huile troisième pression, elle a une odeur et une saveur désagréables, ce qui l'élimine de toute catégorie d'huile de table. Elle est utilisée dans la fabrication des savons et pour le graissage des machines. Dans l'industrie saponifère, on la mélange avec de l'huile d'olive, car avec l'huile d'arachide seule, le savon n'obtiendrait jamais une consistance ferme.

Valeur de l'huile d'arachide. — L'huile première pression de Cayor-Rufisque vaut de 90 à 100 francs les 100 kilogs., ce qui porte le kilog., suivant la qualité, de o fr. 6o à 1 fr. 4o, alors que le kilog. d'huile d'olive est payé au moins 2 francs.

Le tourteau d'arachide. — On appelle ainsi le résidu de l'amande d'arachide, une fois l'huile expressée. Le tourteau est utilisé soit pour nourrir le bétail, soit comme engrais. Sa qualité dépend de celle de la graine qui a servi à fabriquer l'huile (1). Si on ne prend pas soin d'enlever l'épisperme, le tourteau conserve un goût âcre. Son prix, lorsqu'il provient d'arachides décorti-quées, varie de 12 à 16 fr. 50 les 100 kilogs. Il est considéré comme un aliment excellent pour le bétail et comme un bon engrais. On l'emploie notamment dans le midi de la France. Pour le donner aux animaux, on a coutume de le mélan-ger avec un peu de sel en poudre. Il sert encore à nourrir le poisson dans les étangs : en Bretagne, les pêcheurs de l'Océan l'emploient même comme appât pour la pêche.

Autres emplois industriels de l'arachide. — On utilise encore cette graine dans la fabrication du chocolat : c'est le succédané du cacao, lorsque celui-ci atteint un prix trop élevé. C'est surtout dans le midi de l'Espagne que l'arachide est ainsi employée, car la population y considère le choco-lat comme un aliment fondamental (2).

De plus, on peut retirer du tourteau, à raison de la proportion assez forte de matières sucrées ou saccarifiables qu'il contient. environ 15 o/o d'al-cool à 90 degrés.

Utilisation des cosses ou péricarpes. —Réduites en poussière, les cosses constituent un engrais, et même un aliment pour le bétail.

(1) La forme du tourteau est carrée ou trapèzoïdale, cela dépend de la presse que l'on a employée pour leur fabrica-tion.

(2) Pour la fabrication du chocolat, on se sert de l'amande après une seule pression, qui extrait environ 20 0/0 d'huile.

Mélangées avec de la paille, elles peuvent être employées comme litière pour les animaux.

Telles sont les différents usages de l'arachide, qui constitue une des principales richesses de notre Afrique occidentale. On peut développer sans crainte sa production, car les besoins de l'industrie sans cesse croissants assurent d'une façon certaine son écoulement.

CHAPITRE II

Le Caoutchouc.

Nous diviserons l'étude du caoutchouc en Afrique occidentale en deux parties : nous envisagerons d'abord la production du caoutchouc, puis nous étudierons la réglementation du 1er février 1905, relative à la conservation des peuplements et à la répression de la fraude.

Dans la troisième partie de notre ouvrage, en même temps que le mouvement commercial du caoutchouc, nous verrons les différents marchés européens où se fait le commerce de ce produit.

I. Production du caoutchouc.

Presque toutes les colonies de l'Afrique occidentale française produisent une certaine quantité de caoutchouc, mais la Guinée est certainement celle où la végétation caoutchoutifère croît de la façon la plus luxuriante.

Le caoutchouc provient de la coagulation d'une sorte de suc laiteux appelée *latex* qui se trouve en suspens soit dans certaines lianes, soit dans certains arbres. La liane la plus abondante, surtout au Soudan, est la liane *gohine*. Les principaux arbres à caoutchouc sont le *ceara*, l'*hevea*, le *castilloa elastica*, le *funtumia elastica*, le *ficus elastica*, etc. Le rendement des arbres est généralement supérieur à celui des lianes, mais ces dernières sont beaucoup plus nombreuses et se développent bien plus rapidement en Afrique occidentale. Leur grosseur varie entre celle d'un doigt et celle du corps d'un homme. Elles sont presque toutes du genre *landolphia* : mais il en existe d'autres espèces, telles que les lianes genre *strophantus*, les lianes genre *urceola*, etc.

Époques de récolte du latex. — Deux époques sont propices pour recueillir le latex : le moment de la floraison, de novembre à février, et la période de maturité des fruits, de mai à juillet, car ce sont les deux époques de l'année où la plante est la plus vigoureuse et supporte le mieux, par conséquent, la déperdition de forces entraînée par l'écoulement du latex. C'est le matin et le soir que l'on doit provoquer cet écoulement, car ce sont les moments où il est le plus abondant.

Mode de récolte du latex. — C'est en pratiquant des saignées soit sur la liane, soit sur l'arbre à caoutchouc, que l'on obtient la substance caoutchoutifère. Les incisions peuvent être faites de différentes façons : en forme de croix, en forme de V, mais l'incision qui donne les meilleurs résultats est l'incision transversale, faite normalement à l'axe du tronc. Celle-ci ne doit pas être trop profonde, de crainte qu'elle n'atteigne la sève de la plante (1) ; sa largeur ne doit pas dépasser un tiers de la circonférence du tronc.

Une même plante peut supporter plusieurs incisions ; mais elles doivent être séparées l'une de l'autre de trente centimètres au moins le long de la tige et être pratiquées aussi près possible de la liane ou de l'arbre.

Différents procédés sont en usage pour récolter le latex. L'indigène le recueille sur ses doigts, trempés auparavant dans de l'eau salée ou du jus de citron pour que la coagulation se produise sur le champ. Il dépose ensuite dans un récipient les petites boules ainsi formées. Mais le mode le plus rationnel consiste à placer soit une calebasse, soit un tesson de bouteille, au-dessous des lèvres de la blessure. Il vaudrait encore mieux employer un vase à couvercle pour que l'on puisse le refermer aussitôt qu'il est plein, le latex s'évaporant très vite à l'air, ce qui produit une coagulation qui donne un caoutchouc inférieur à celui obtenu au moyen de la coagulation par précipitation.

Coagulation du latex. Procédés de coagulation. — Le latex est formé par deux parties : *a)* le *plasma*, qui renferme le caoutchouc ainsi que des matières albuminoïdes et une cire végétale ; *b)* le *sérum*, qui contient de l'eau, des matières minérales et azotées, matières qui peuvent produire une détérioration notable du caoutchouc si elles ne sont pas séparées du plasma. Le but de la coa-

____

(1) On commence par enlever la légère couche de liège qui recouvre l'écorce, puis on incise l'arbre de quelques millimètres de profondeur seulement.

gulation est d'isoler le plasma du sérum et de tuer les agents de fermentation.

D'où deux opérations distinctes : 1° aseptisation; 2° coagulation proprement dite.

Au point de vue chimique, le fluorure de sodium employé dans la proportion de 20 o/o du poids du latex pourrait réaliser à la fois ces deux opérations, tandis que les antiseptiques tels que le salol, le formol, l'ammoniaque, produiraient seulement l'aseptisation. Mais ces procédés scientifiques ne sont pas connus du noir qui préfère recourir à des moyens naturels. Ou bien, comme nous l'avons indiqué plus haut, lorsque cela se peut, il le recueille et le coagule sur ses doigts trempés dans un liquide alcalin, ou bien il creuse au pied de l'arbre un fossé peu profond ; puis il vient chercher le latex au bout de quelques heures, lorsque le sol a absorbé une partie du sérum ; mais le caoutchouc obtenu à l'aide de ce dernier procédé contient de nombreuses impuretés.

Parfois encore, les noirs étendent le latex sur leur corps, où ils le laissent évaporer. D'autres emploient certaines plantes indigènes, telles que le *costus* (1), dont ils tordent les tiges au-dessus du récipient qui contient le latex : cela entraîne une coagulation immédiate.

On peut également signaler le procédé par l'enfumage. Le latex est tourné au moyen d'une palette, de façon à ce que la couche de caoutchouc soit

(1) En outre du *costus*, l'on peut citer, parmi les coagulants indigènes, les feuilles de *niama*, l'oseille de Guinée, les fruits du tamarinier.

soumise à la double action de la chaleur et de la fumée, qui est un agent antiputride. Enfin, il est un mode malheureusement encore trop employé et qui donne un caoutchouc impur, de mauvaise qualité et d'odeur désagréable : c'est la coagulation par l'urine.

Il serait bon d'instruire le noir de la supériorité, tant au point de vue qualité qu'au point de vue rendement, de modes de coagulation plus modernes, quoique fort simples. Tels sont les procédés par écrémage, turbinage ou barattage, où l'on se sert d'un appareil semblable aux écrémeuses et faisant 12,000 tours à la minute ; par la chaleur, dans lequel cas on fait chauffer le latex à air libre, sans toutefois l'amener à l'ébullition.

Mais c'est surtout la coagulation par agents chimiques qu'il faut préconiser, tels que les procédés par le fluorure de sodium, que nous avons indiqué plus haut ; par vapeur d'eau à plus de 100 degrés, qui consiste à faire arriver de la vapeur d'eau sur le latex, ce qui réussit très bien et détruit tout ferment.

On peut encore conseiller l'emploi des acides sulfurique, chlorydrique, formique, citrique ou oxalique, dans la proportion de 4 à 8 grammes pour 500 grammes de latex ; des sels minéraux, tels que le sel marin, dans la proportion de 20 grammes par 500 grammes de latex et 200 grammes d'eau, du chlorure d'aluminium à raison de 10 grammes, de l'ammoniaque à raison de 12 grammes.

C'est après la coagulation que le caoutchouc brut arrive dans nos comptoirs de la côte. Mais souvent il est l'objet, ou plutôt il a été l'objet de fraudes nombreuses, dont la principale consistait dans l'introduction de corps étrangers dans les boules ou plaques. C'est la réglementation du 1ᵉʳ février 1905, que nous allons étudier sommairement, qui a empêché, par des mesures sévères, le renouvellement de faits qui s'étaient produits auparavant et avaient failli entraîner l'effondrement, sur les marchés européens, des sortes de caoutchouc de l'Afrique occidentale française.

II. Réglementation du 1ᵉʳ février 1905.

Motifs de cette réglementation. — Avant d'étudier les principes de la réglementation de 1905, il est nécessaire de connaître les abus qui eurent lieu relativement au mode de récolte du latex et les fraudes qui faillirent tarir à tout jamais cette source de revenus de notre Afrique occidentale.

Nous avons indiqué que la saignée, pratiquée d'une façon rationnelle, était le mode normal de l'exploitation des végétaux caoutchoutifères. Mais les indigènes trouvaient beaucoup plus simple de couper entièrement la liane, obtenant ainsi le maximum de rendement, d'où le maximum de rémunération, et ne songeaient guère aux conséquences de ce mode d'exploitation intensive pour l'avenir. Sans l'intervention du gouvernement général, on serait arrivé à une période d'exploitation ralentie, puis à peu près nulle, car non seulement ils coupaient les lianes, mais ils ne se préoccupaient pas de leur multiplication et négligeaient de faire des boutures ou des semis. Les gouverneurs envoyèrent bien des instructions destinées à modifier cet état de choses (1), mais la plupart restèrent lettre morte. D'un autre côté, des essais furent tentés pour inculquer aux noirs la façon normale de récolter le latex. Citons la tentative faite au Soudan par M. le général de Trentinian, qui créa à Kouroussa une école pratique où les adultes venaient pendant huit ou quinze jours apprendre le mode d'exploitation rationnelle de la liane gohine, tentative qui dura de 1899 à 1900. Citons encore les essais faits en Guinée par M. l'administrateur en chef Noirot, tendant à constituer dans certains villages des plantations collectives, sortes de communaux appartenant aux villages en question, destinées à peupler de lianes les environs des agglomérations. Mais ces essais étaient insuffisants ; ce qu'il fallait, c'était une réglementation générale visant l'Afrique occidentale entière.

Cette réglementation fut encore motivée par une autre cause : la fraude du caoutchouc et sa mauvaise coagulation.

Les indigènes fraudaient de la façon suivante : Ils mouillaient le caoutchouc, ce qui augmentait son poids et, par conséquent, leur procurait une rémunération plus considérable, mais le faisait pourrir rapidement en lui enlevant toutes ses qualités. Ils introduisaient également dans le latex soit des corps étrangers, tels que : pierres, mor-

____

(1) Voyez la circulaire du 12 août 1901, par laquelle M. le gouverneur Cousturier invitait les commandants de cercles à constituer de nouveaux peuplements dans leur circonscription.

ceaux de bois, terre, etc., qui se trouvaient ainsi enchâssés dans le caoutchouc après la coagulation, ou bien ils mélangeaient au latex des bonnes lianes celui incoagulable d'autres lianes, telle celui de la liane *Hara* ou du ficus *Diango*. Parfois encore, ils formaient une plaque épaisse avec le latex d'un *Funtumia* donnant une gomme non élastique, qu'ils recouvraient d'une couche du latex du *Funtumia elastica*.

D'un autre côté, les procédés de coagulation, même sans employer la fraude, laissaient beaucoup à désirer. Aucun soin n'était mis par le noir à cette opération pourtant essentielle.

Telles furent les motifs qui obligèrent le gouvernement à intervenir. Cette intervention visait surtout le Soudan, car le gouverneur de Guinée avait déjà pris des mesures pour enrayer la baisse progressive de nos caoutchoucs de cette colonie sur les marchés européens. Cette baisse provenait des fraudes indiquées ci-dessus. Les noirs étaient encouragés par les acheteurs, qui se faisaient une concurrence effrénée et se préoccupaient seulement du résultat immédiat de leurs opérations et non pas de la répercussion qu'elles pourraient avoir sur les cours de nos caoutchoucs africains.

Sur les plaintes du commerce, le gouverneur de Guinée, par les arrêtés des 22 mai 1901 et 20 février 1903, défendit d'exporter les caoutchoucs contenant plus de 1 o/o d'impuretés et ordonna la confiscation des caoutchoucs fraudés. Il prescrivit des visites minutieuses sur les routes et lieux de vente. Si ces mesures avaient du bon, elles avaient l'inconvénient d'être trop sévères,

car il n'existait pas de caoutchouc contenant
moins de 1 o/o d'impuretés ; de plus, la visite de
tous les lieux où se faisait le commerce était très
difficile à effectuer. Néanmoins, elles amenèrent
une grande amélioration de la qualité. Mais il
était nécessaire de modifier ces arrêtés, la réglementation étant en partie inapplicable.

Au Soudan, aucune disposition ne fut prise : la
situation s'aggrava donc rapidement. La qualité
des Niggers et des Twists s'abaissa de beaucoup,
et, en avril 1903, le gouverneur général de l'Afrique occidentale française recevait une pétition du
commerce bordelais reprochant la présence de
corps étrangers à l'intérieur des boules de caoutchouc, et une mauvaise coagulation. En 1904,
la qualité s'abaissa encore, d'où situation critique sur le marché de Bordeaux, en proie à
une véritable panique, qui se prolongea jusqu'à la
fin de l'année. Les cours s'étaient considérablement modifiés : les bons Twists ne valaient en
septembre que 8 fr. 25 à 8 fr. 80 le kilog., en baisse
de plus de 1 franc sur les cours ordinaires, et les
bons Niggers valaient de 8 fr. 25 à 8 fr. 70 le kilog.,
en baisse de plus de 1 fr. 50. Quand aux déchets, ils étaient également considérables ; tandis
qu'au point de vue rendement, les caoutchoucs
donnent en fabrique de 15 à 18 o/o de déchets
normaux fin 1903; et en 1904 ceux-ci atteignaient
de 22 à 28 o/o (1).

En Casamance et en Côte-d'Ivoire, la circula-

(1) Voyez Yves Henry. *Le caoutchouc dans l'Afrique occidentale française* (1906).

tion du caoutchouc n'était également l'objet d'aucune réglementation, d'où la situation était devenue aussi critiquable qu'au Soudan. Les cours étaient en baisse de 1 fr. 50 à 2 fr. et même 3 fr. par kilogramme.

Donc, en 1904, la situation était la suivante :

En Guinée, réglementation en partie inapplicable ; dans les autres colonies, absence complète de réglementation.

Il fallait donc, pour sauver la réputation de nos sortes africaines, que le gouvernement général intervint, et que, par des mesures sages et éclairées, il améliorât les procédés d'exploitation du latex et qu'il empêchât la fraude.

Réglementation du 1er février 1905. — Lors de la plainte envoyée au gouverneur général, le 8 avril 1903, par les commerçants bordelais, un projet de réglementation fut mis en étude ; mais, à cause des opinions contraires émises par une partie du commerce local, la Chambre de commerce de Saint-Louis notamment, ce projet ne reçut aucune application.

Ce ne fut que le 1er février 1905, après deux années de consultations et de discussions, que fut pris, avec l'approbation et la signature du gouverneur général, l'arrêté destiné à réglementer et à améliorer le mode de récolte du caoutchouc et à réprimer la fraude.

Les prescriptions de cet arrêté sont contenues dans cinq articles. Elles visent : 1° à la répression de la fraude et à l'amélioration de la qualité du caoutchouc ; 2° à la conservation des peuplements

existants et à la création de peuplements nouveaux ; 3° à l'éducation indigène.

1° L'arrêté du 1ᵉʳ février 1905 interdit la circulation de tout caoutchouc fraudé à l'intérieur de
la colonie, et, à plus forte raison, son exportation.

Quant aux impuretés, le tant pour cent n'est
pas fixé, car une éducation était nécessaire pour
les indigènes, ce qui demandait un certain délai.

Les « liquides fermentiscibles d'origine animale »
sont interdits pour la coagulation. Cela vise les
caoutchoucs dits « *Lumps* » coagulés au moyen
de l'urine. Depuis le 1ᵉʳ janvier 1907, ce procédé
a dû disparaître complètement.

La vulgarisation du caoutchouc en plaques min-
ces est recommandée, la coagulation étant meilleure, ce produit se conservant facilement et la
fraude étant bien plus reconnaissable que pour
le caoutchouc en boules (article 1ᵉʳ).

2° La réglementation a également trait à la conservation des peuplements existants et la création
de peuplements nouveaux.

Pour conserver les anciens peuplements, il faut :
a) saigner les lianes d'une façon convenable, c'est-
à-dire à un mètre au moins au-dessus du sol pour
que les incisions n'atteignent pas les racines ;
b) ne pas pratiquer les saignées durant l'hivernage, car cela est nuisible et au développement
de la plante et à la qualité du caoutchouc ; *c)* ne
pas exploiter durant un certain laps de temps
certains peuplements qu'une exploitation par trop
intensive a progressivement amenés à ne fournir
qu'une quantité de latex insignifiante (articles 2
et 3).

Les nouvelles plantations devront être la propriété collective des indigènes et placées à proximité des villages.

Grâce à l'application de ce principe, le noir, d'un côté, aura tout intérêt à soigner et à surveiller les peuplements, et, d'un autre côté, l'administration n'aura pas à s'occuper de cette tâche qui, à cause du recrutement de la main-d'œuvre, serait trop onéreuse. Le gouvernement sera tenu au courant des résultats par des agents du service de l'agriculture, qui rempliront vis-à-vis de lui un rôle de surveillants, et ainsi la reconstitution aura lieu à très bon marché.

Ces peuplements seront faits de la façon suivante : les lianes seront plantées dans des lieux couverts, de façon à empêcher les feux de brousse de les détruire, en utilisant les arbres comme soutiens. Quant à leur multiplication, le semis est à préconiser, soit en pépinière, soit en place définitive, car il donne de meilleurs résultats que le bouturage et le marcottage (article 4).

3°) L'éducation de l'indigène est également l'objet de la réglementation de 1905. Pour arriver à ses fins, elle prescrit la création d'écoles spéciales où l'on enseignera au noir le mode d'extraction du latex et les meilleurs procédés de coagulation.

Les principes posés par l'arrêté du 1er février 1905 ont déjà porté leurs fruits. En réglementant le mode et l'époque de la saignée, en interdisant d'exploiter pendant quelque temps les peuplements épuisés, en réprimant la fraude du caoutchouc et les mauvais procédés de coagulation, celui-ci a sauvé le commerce du caoutchouc de notre Afrique occidentale d'une débâcle certaine. Il faut également approuver le système d'après lequel doivent être établis les peuplements nouveaux.

La propriété collective sera un excellent stimulant pour les noirs, qui auront grand soin de leurs plantations puisqu'ils en retireront un bénéfice direct, et la tutelle du gouvernement sera un excellent moyen pour lui d'arriver à ses fins. Quant à l'éducation des indigènes, les prescriptions de l'arrêté ont été couronnées de succès. Dans un certain nombre de cercles, en effet, des écoles pratiques ont été créées, fonctionnant chaque année du 1er juin au 31 juillet et du 1er octobre au 31 décembre, sous le contrôle des administrateurs et des commandants de cercles.

On peut donc espérer que le caoutchouc est appelé, grâce à une exploitation rationnelle et à la création des nouveaux peuplements, à faire monter très sensiblement chaque année la courbe de l'exportation mondiale de notre Ouest-Africain, d'autant que la demande va sans cesse en croissant puisque les prix augmentent. Alors qu'en 1906 le caoutchouc valait en moyenne 9 fr. 68, actuellement il est payé 10 fr. 04. Le tableau ci-dessous montrera dans quelles proportions son importation totale s'est accrue en France dans le cours de ces dernières années.

ANNÉES	QUANTITÉS	VALEURS
	Kilog.	Francs
1893.........	2.627.407	14.764.442
1897.........	4.238.313	29.668 191
1898.........	4.674.533	32.721.731
1899.........	5 393 031	51.233.795
1900.........	5.558.113	52.802.074
1901.........	5.350.438	50.829.161
1902.........	5.471.085	51.975.308
1903.........	5.764.614	54.763.833
1904.........	6.627.458	72.902.038
1905.........	8.932.605	98.258 655
1906.........	11.988.600	116.050.000

CHAPITRE III

Le Coton.

La question du coton en Afrique occidentale préoccupe tous ceux qui portent intérêt au développement économique et à l'avenir de notre empire africain. Actuellement, en effet, nous sommes obligés d'acheter à l'étranger la plus grande partie du coton utilisée dans nos trois grandes régions cotonnières du Nord, de la Normandie et des Vosges ; les neuf dixièmes de cette importation proviennent des Etats-Unis. Nous sommes donc à la merci des trusts ou d'un accroissement brusque et formidable d'industrie dans ce dernier pays. Il importe de sortir de cette situation, qui pourrait provoquer une crise fort préjudiciable à notre industrie cotonnière. Le véritable moyen est d'augmenter le nombre de nos vendeurs de matière première. Or, l'Afrique occidentale, par ses aptitudes spéciales, peut rivaliser avec les meilleurs centres de production de l'Amérique. Ses conditions climatologiques sont en effet excellentes, et l'étude de ses « possibilités cotonnières » (1) a démontré quel parti on pouvait tirer de l'extension de la culture du coton dans notre Ouest-Africain.

Nous diviserons ce chapitre en deux parties : Dans lá première, nous étudierons la culture du coton, et dans la deuxième nous envisagerons la question cotonnière en Afrique occidentale française. A propos de l'industrie locale, nous verrons comment l'indigène utilise le coton.

I. Culture du coton.

On connait actuellement quelles sont les régions de l'Afrique occidentale susceptibles de recevoir la culture du coton, bien que leur étendue cultivable ne puisse encore être chiffrée en hectares.

M. Yves Henry (2) divise les zones de production en deux catégories : les zones « d'intérêt immédiat » et les zones « d'intérêt futur ». Les premières sont constituées par une bande encadrant le chemin de fer de Kayes à Bammako, puis le Moyen-Niger et son affluent le Mayel-Balevel jusqu'à la dépression des lacs de Tombouctou ; enfin, par le Moyen-Dahomey entre le 7° et le 9° nord. Quant aux secondes, elles sont formées par l'Arrière-Dahomey, le Haut-Niger, la vallée du Sénégal de Richard-Toll à Bakel, le Saloun, la Casamance, le revers occidental du Foutah-Djallon.

(1) Voyez *Questions diplomatiques et coloniales* du 1ᵉʳ mars 1906. *Le problème du coton colonial en France*, par Henri Lorin.

(2) Voyez Yves Henry. *Le coton dans l'Afrique occidentale française* (1904).

Quant aux espèces de coton à cultiver, on s'est demandé s'il y aurait intérêt à conserver les espèces locales en les améliorant, ou s'il valait mieux les remplacer par les moyennes soies d'Amérique ou les longues soies d'Egypte.

Les types indigènes sont en Sénégambie, le N'Dargau, le Mokho, le N'Guiné. Au Dahomey nous trouvons le Bani, analogue au N'Dargau, le Bammako, le N'Ségou ressemblant au Mokho, et enfin des types différents identiques au N'Guiné.

Le N'Dargau est le plus commun et le plus productif, sa soie est courte et blanche, et peut servir à la confection de tissus résistants.

Le Mokho est une espèce de coton très médiocre et de rendement minime. Aussi l'indigène ne le cultive guère.

Enfin, le N'Guiné est la variété la moins cultivée, car le coton qu'il donne est peu apprécié des noirs.

Des cotons indigènes, c'est le « Bani » du Dahomey qui produit les meilleures fibres. Néanmoins il y aurait tout intérêt à substituer aux espèces locales le coton américain. Les expériences faites soit au Sénégal, soit au Soudan, soit au Dahomey, durant les campagnes de 1903, 1904, 1905, ont démontré que c'était aux sortes américaines que l'on devait donner la préférence parmi les types étrangers. En effet, ces cotons sont plus rustiques et par conséquent moins délicats que les variétés égyptiennes. Ils s'acclimatent mieux en Afrique occidentale, et au point de vue commercial ils donnent de bons résultats. Les espèces les plus recommandables sont celles dites

« Excelsior » « Mississipi » et « Louisiane » : il semble qu'au point vue de la qualité et du rendement l'on ait tout à gagner en les propageant. . Cependant, on ne peut guère donner de règle fixe, car telle variété se développe plus facilement dans une région que dans telle autre. Il faut tenir compte, en effet, non seulement du rendement et de la qualité du produit, mais encore de sa résistance à la dégénérescence et à la sécheresse.

D'un autre côté, il ne faut pas complètement abandonner les cotons égyptiens ; certaines espèces, comme le « Jumel », réussissent fort bien en Sénégambie et ont la supériorité sur les sortes américaines dites « moyennes soies » d'être à « longues soies », c'est-à-dire que sur le marché leur valeur est plus considérable. Le résultat des recherches faites actuellement fournira des données positives et permettra de se prononcer sur l'adoption des différends types essayés en ce moment.

Il faut aussi compter avec le facteur indigène, pour arriver à résoudre le problème de la culture du coton, car seul le noir peut travailler en Afrique occidentale, à cause du climat, qui ne permet à l'européen que d'accomplir un rôle de direction. Or, l'indigène voudra-t-il admettre nos idées et modifier son mode de culture ? Voudra-t-il faire du coton aux lieu et place des produits locaux qu'il a l'habitude de cultiver ?

On peut répondre facilement à la première partie de cette objection : rien n'est plus simple, en effet, que de démontrer au noir la supériorité des graines de coton importées sur les graines de coton indigènes.

Et celui-ci, qui se dégage peu à peu de ses idées de routine au contact du progrès européen, en constatant *de visu* le résultat obtenu, ne demandera pas mieux que de se laisser convaincre.

Quant à la question de savoir si le noir, se pliant à nos idées, voudra laisser ses cultures indigènes et de consommation intérieure pour se livrer d'une façon plus suivie à la culture du coton, pour la résoudre il suffit de jeter un coup d'œil sur le fonctionnement du commerce indigène. Prenons par exemple, le commerce du mil, qui est le plus important et se trouve entièrement entre les mains de traitants indigènes connus sous le nom de « marigotiers ». Si la récolte est peu abondante, cela se passe encore dans d'assez bonnes conditions, la demande étant supérieure à l'offre ; mais les bonnes années, lorsque la récolte est considérable, le phénomène inverse se produit : les traitants sont les maîtres du marché et font les prix qu'ils abaissent dans des proportions énormes. Ainsi, tandis que dans les années de disette ils paient un franc cinq ou six « moules » (1) de mil, dans les années d'abondance, pour la même somme, ils en exigent trois et quatre fois plus. Et le noir, qui n'a pas d'autres ressources et qui de plus n'a aucun moyen de transport, est obligé d'accepter les conditions qui lui sont imposées.

(1) Le moule est une mesure indigène contenant environ un kilogramme. Mais l'on ne peut guère donner un chiffre précis, attendu que les traitants se servent de moules de grandeur variable, suivant qu'il s'agit d'acheter ou de vendre.

D'autre part l'indigène, ne pouvant, pour payer l'impôt, compter que sur ses récoltes ou, en cas d'extrême besoin, sur la vente du peu de bétail qu'il possède, ne fera guère de difficultés pour accepter une substitution de culture, si on lui offre des ressources en rapport avec son travail.

On peut donc augurer favorablement de la culture du coton en Afrique occidentale, dans les régions où celle de l'arachide ne pourra être développée.

Culture du coton. — La culture du coton est faite, soit par l'indigène, soit par des planteurs européens ou sous la direction d'Européens. Nous diviserons donc la question en deux parties et nous étudierons successivement la culture indigène et la culture européenne.

1° *Culture indigène.* — Le noir n'apporte en général que peu de soins au coton qu'il cultive pour son usage personnel, ce qui explique la dégénérescence constatée des espèces indigènes. En bon nombre d'endroits il commence par défricher grossièrement au moyen de l'hilaire le champ sur lequel il compte pratiquer ses semis, que souvent d'ailleurs il fait dans des champs de maïs ou de gros mil, menant de pair ces différentes cultures.

Au Dahomey, le coton est généralement planté dans des « glétas » d'igname. Les jeunes plants apparaissent de trois à six jours après l'ensemencement. Le développement total de la plante dure de cinq à six mois ; celle-ci atteint alors environ 1 mètre 5o de hauteur.

Entre la période des semailles et celle de la maturité, deux sarclages à l'hilaire sont faits.

L'indigène conserve sa plantation de cotonniers de trois à quatre ans. La deuxième année il y a une augmentation de rendement très considérable, mais après la troisième on peut considérer la production comme fort peu rémunératrice (1).

Récolte. — La cueillette a lieu de novembre à avril (2) ; mais c'est en décembre et en janvier qu'elle est la plus intense. L'indigène cueille généralement les capsules une fois par semaine et à n'importe quel moment de la journée, ce qui explique qu'elles sont souvent maculées de poussière ou brûlées par les rayons du soleil. Les femmes séparent ensuite les coques saines des mauvaises et les divisent en plusieurs lots de qualités différentes. Le coton récolté le premier est généralement le plus beau ; les indigènes s'en servent pour la fabrication de leurs tissus personnels et de ceux de leur famille. Les autres capsules sont vendues sur les marchés.

Egrenage. — Au fur et à mesure qu'il est cueilli,

(1) La culture du coton est faite en terrains secs ou en terrains inondés : celle en terrains secs est la plus usitée, c'est elle que nous indiquons ci-dessus. Quant à la culture en terrains inondés, elle se pratique généralement sur les rives du Sénégal, au fur et à mesure du retrait des eaux, lorsque le fleuve a déposé du limon. On comprend facilement que ce mode de culture ne soit que peu pratiqué, car il est basé sur les crues du Sénégal et il suffit que deux crues consécutives viennent à manquer pour entraîner la disparition de la cotonnière.

(2) Le Mokho est l'espèce la plus tardive ; sa récolte n'est jamais terminée avant avril.

le coton est placé dans des vases, paniers ou sacs. Puis, après la récolte des arachides, les femmes procèdent à l'égrenage au moyen d'un instrument très rudimentaire appelé « derrou ». C'est une sorte de pièce de bois plate, posée à terre devant l'égreneuse qui y place le coton brut. Puis elle fait mouvoir d'arrière à avant une tige de fer en forme de clou. Cette tige pousse les graines et les sépare des fibres retenues sur le billot par pression. On peut concevoir combien le rendement obtenu à l'aide d'un tel instrument est insuffisant ; il ne permet guère à une femme adroite de produire plus de quelques centaines de grammes de coton égrené en une journée.

Rendement. — Le rendement des cotonniers indigènes est peu élevé, son mode de culture étant par trop primitif. D'ailleurs, il est difficile à déterminer, car on ne peut guère trouver d'étendue assez grande couverte uniquement de cotonniers, ceux-ci étant cultivés par petits groupes. Le rendement est également à la merci des facteurs climatologiques ; il peut différer du tout au tout, suivant qu'il y a eu à la fois de la chaleur et de la pluie ou bien qu'il y a eu sécheresse ou excès d'eau. D'après les calculs approximatifs que l'on a pu faire, voici ce que des cotonniers de deux ans fourniraient au maximum en coton brut à l'hectare :

N'Dargau............................ 200 kilos.
Mokho.............................. 120 —
N'Guiné. .... 300 —

Or, le rendement industriel du coton net étant

de 22 o/o environ du poids du coton brut, le
rendement maximum serait à l'hectare en coton
net :

N'Dargau...... .... 44 kilos (1).
Mokho............... .... 25 —
N'Guiné... .. .. 44 —

Un cotonnier fournit plus ou moins de capsules,
selon que c'est sa première ou sa deuxième année
de production et aussi selon son espèce. Ainsi, le
N'Dargau produit la première année de 20 à 25
capsules par pied ; la seconde, de 80 à 120 capsules. Le N'Guiné, la première année, donne une
dizaine de capsules ; la seconde, de 50 à 60. Or,
une capsule équivaut à 3 grammes de coton brut ;
ce qui fait qu'un pied de N'Dargau produit environ
de 260 à 300 grammes de coton la deuxième année,
alors qu'un pied de N'Guiné n'en donne que 150
à 180.

Le poids des fibres est à peu près trois fois
moindre que celui des graines.

Valeur commerciale. — Le coton indigène n'a
pas cours dans le commerce. Le noir l'emploie
pour son usage et celui de sa famille. Il porte le
surplus au marché sans l'avoir égrené. Le prix en
est très variable, selon les régions et les facilités
de communication. Dans les cercles du fleuve, le
N'Dargau vaut environ o fr. 25 le kilogramme non
égrené ; le Mokho, dans les mêmes conditions, est
payé o fr. 50.

(1) Voyez Yors Henry. *Le coton dans l'Afrique occidentale
française* (1906).

Dans les cercles de la voie ferrée Dakar-Saint-Louis, le kilogramme de coton non égrené a la valeur suivante : o fr. 4o pour le N'Dargau, o fr. 70 pour le Mokho, o fr. 25 pour le N'Guiné. Dans le Sine et le Saloum, la même quantité est vendue o fr. 5o pour le N'Dargau et 1 fr. pour le Mokho. Dans certaines régions du Haut-Fleuve, notamment dans la région de Bakel, on échange le panier de coton de 22 kilogs contre une demi-pièce de Guinée valant environ 3 fr. (1). Mais l'on ne peut guère établir de prix exact ; comme le montrent les exemples précédents, celui-ci varie suivant les régions. Il faut également compter sur les différences qui se produisent d'année à année et aussi dans une même année, car le coton se vend plus cher à la fin de la campagne que vers le milieu.

Les prix énoncés ci-dessus, on a pu s'en rendre compte, sont relativement élevés ; en effet, le meilleur coton du pays, comme le « Mokho », de Sénégambie ou le « Bani » du Dahomey, qui à la rigueur pourrait être utilisé dans l'industrie, ne pourrait trouver sur place plus de o fr. 18 à o fr. 20 le kilogramme non égrené. Or, dans certains endroits, le même coton est payé o fr. 5o, o fr. 75 et même 1 fr. le kilogramme.

A quelle cause attribuer cette élévation de prix ? Elle semble provenir de la rareté du coton indigène, car le noir qui s'adonnerait uniquement à cette culture ne serait pas suffisamment rémunéré du travail fourni. En effet, l'arachide à ce double

____

(1) A Bammako, le coton vaut environ 0 fr. 50 les bonnes années et 1 fr. les années de disette.

avantage sur le coton, produit pauvre, d'être d'un rendement pécuniaire supérieur et, au point de vue de l'assolement, de permettre d'obtenir le mil sans engrais.

La conclusion est donc la suivante : étant donnés les minimes résultats obtenus avec la culture du cotonnier indigène, on doit lui substituer des variétés d'importation préférables tant au point de vue quantité et qualité que comme rapport en argent.

2° *Culture européenne.* — C'est sur l'initiative de l'Association cotonnière coloniale que la culture européenne du coton a été établie en Afrique occidentale. On peut la ramener à deux modes différents : la culture en terrains non irrigués et la culture en terrains irrigués. La première est pratiquée durant l'hivernage, pendant que les pluies sont fréquentes. Mais les résultats dépendent uniquement des facteurs climatologiques et hygrométriques ; ce qui lui fait préférer le second genre de culture qui est plus conforme au but visé : produire d'une façon intensive, et dans les meilleures conditions possibles, le type de cotonnier fournissant par hectare le plus fort rendement en argent. En effet, grâce à l'irrigation, le planteur pourra mener à bien la venue de ses cotonneraies. Il devra choisir minutieusement ses emplacements, en tenant compte du prix du mètre cube d'eau déversé sur le sol ainsi que de l'abondance et du prix de la main-d'œuvre. Il éliminera les régions où il serait obligé, pour se procurer de l'eau, de creuser des puits profonds et coûteux, ayant tout intérêt à se tenir à proximité des fleuves où, par un simple barrage et à l'aide d'appareils très simples, il amènera sur ses plantations la quantité d'eau nécessaire (1). Ainsi, il pourra cultiver les « longues soies » qu'avec tout autre mode de culture il aurait été obligé de laisser de côté. De plus, le voisinage d'un fleuve lui permettra, en certains points, la culture de saison sèche sur les terrains inondés par la crue des eaux.

Le choix du planteur devra également porter sur les régions où la main-d'œuvre pourra être le plus facilement recrutée et au meilleur prix. La vallée du Sénégal est, à ce point de vue, assez bien servie.

Avec le mode de culture par irrigation, voici comment l'on procède : les semis sont effectués au début de l'hivernage, lorsque le sol est suffisamment détrempé ; après la première végétation, pendant la saison sèche, la floraison et la fructification sont assurées par des eaux d'arrosage.

Quant à la culture de saison sèche, l'eau accumulée dans le sol laissé à découvert par le fleuve permet aux semis de se développer ; la floraison et la fructification nécessitent également des eaux d'arrosage.

Ainsi, lorsqu'on a les moyens naturels à sa disposition, on peut faire du coton d'une façon rationnelle, et ce mode de culture est appelé à porter ses fruits. En choisissant les variétés, en

---

(1) La région du Bas-Sénégal, de Bakhol jusqu'à Richard-Toll, est impropre à la production du coton, car l'eau du Sénégal est salée aux environs du mois de juin et, par conséquent, ne peut être employée pour arroser les cotonneraies au moment où le besoin s'en fait sentir.

tenant compte de leur résistance et de leur beauté, en pratiquant si on le peut la culture bisannuelle, on pourra arriver à faire de notre Afrique occidentale une nouvelle Egypte. Ce dernier pays, en effet, qui, il y a 50 ans, ne fournissait que pour 15 à 20 millions de coton, en expédie actuellement pour 600 millions. Or l'Afrique occidentale réunit des conditions sensiblement égales et même meilleures, puisque les terrains inondés par le Nil n'atteignent qu'une largeur d'environ 2 kilomètres, tandis que les débordements du Sénégal et du Niger couvrent une surface beaucoup plus étendue, qui est quelquefois de 15 et 20 kilomètres.

Egrenage industriel. — L'égrenage industriel du coton se fait au moyen de machines spéciales qui diffèrent pour les longues soies et les courtes soies. Pour les premières, on se sert des machines Mac Carthy, soit à simple action, soit à rouleau à main.

Le rendement du premier type de ces machines est d'environ 22 à 27 kilogrammes de coton Jumel égrené par heure et de 36 kilogrammes de coton de Géorgie (Sea Island) ou autres cotons à longues soies. Le rendement du deuxième type n'est que de 2 kilogs 500 environ, mais il varie suivant la qualité du coton à égrener.

Pour les courtes soies, on fait usage de machines à scies mûes à la main ou à la vapeur. On emploie également des égreneuses décortiqueuses destinées à purifier le coton travaillé de tous les débris qu'il pourrait contenir et qui, sans cette opération, nuiraient considérablement à son écoulement (1). Le prix du coton égrené varie entre 70 et 85 francs les 5o kilogrammes.

Pressage. — Après l'égrenage, le coton subit deux pressions qui lui permettent de voyager sous le volume le plus réduit. La première se fait dans les lieux d'égrenage ou *ginneries* situés généralement sur les bords d'un fleuve. Le coton y entre à l'état brut et en ressort égrené ; on le livre en balles cerclées. Ces balles ont une densité à peu près égale, variant de 5oo à 6oo kilogs au mètre cube. Les presses employées pour cette opération sont mues soit à la main, soit à la vapeur. Une deuxième pression est donnée au port d'embarquement par d'énormes presses hydrauliques qui ramène la balle à la densité voulue. Une balle terminée pèse environ 225 kilogrammes.

II. La question cotonnière en Afrique occidentale française.

Ce n'est pas seulement ces dernières années que la question du coton s'est posée en Afrique occidentale. Dès 182o, des primes furent délivrées aux colons producteurs, proportionnelles au nombre de pieds de cotonniers plantés, et, de 182o à 1825, il y eut un accroissement de production considérable. Mais des abus s'étant produits dans la répartition des primes, on eut recours à un autre système et celles-ci ne furent accordées que proportionnellement à la quantité de coton

(1) Pour plus amples renseignements sur l'égrenage industriel du coton, consulter l'ouvrage précité de M. Yves Henry (1906).

exportée. Cette dernière mesure fit tomber la culture de ce produit, et ce n'est que vers 1863 que l'on posa de nouveau la question des possibilités cotonnières de l'Afrique occidentale. Le moment était en effet bien choisi, les États-Unis étant en proie à la guerre de sécession, leur production était donc suspendue jusqu'à l'issue de cette lutte. Et c'est pour cela que le gouvernement français, comprenant combien il y aurait à gagner en tirant parti de cette situation, fit tous ses efforts pour tenter de faire du coton en Algérie et au Sénégal. Il chargea Lecard, jardinier en chef du gouvernement, d'aller faire des essais à Richard-Toll. Ce dernier expérimenta les espèces locales, mais n'obtint que des résultats médiocres (1). Puis, il jeta son dévolu sur les sortes américaines de Louisiane et sur le type égyptien dit *Jumel*. Leur rendement le dédommagea de l'insuccès de ses premières tentatives, et il conclut que la culture du cotonnier serait très rémunératrice pour la colonie. A cette époque, c'est-à-dire de 1863 à 1868, on constata une augmentation considérable dans l'exportation du coton au Sénégal. Mais cette prospérité ne fut que de courte durée, car, lorsque la guerre de sécession fut terminée, les acheteurs s'adressèrent de nouveau à l'Amérique, à cause du bon marché de ses cotons. Cela provoqua de nouveau l'abandon de cette culture en Afrique occidentale, faute d'écoulement.

Mais, depuis ces dernières années, la question

---

(1) Voyez Lécard, *Notice sur les productions du Sénégal* (Saint-Louis, 1866).

cotonnière se pose d'une façon beaucoup plus aiguë, car cette industrie menace de franchir l'Atlantique. Pour alimenter les usines européennes, il faut compter sur une importation de 10 à 11 millions de balles ; et comme les États-Unis produisent 75 o/o du coton utilisé par ces établissements, s'ils deviennent en même temps les consommateurs de cette matière première, nous serons bien davantage à leur merci. « Les spéculations effrénées qui se sont produites sur le marché de la Nouvelle-Orléans, les hausses et les baisses aussi brusques qu'inexplicables normalement, dont le marché a été le théâtre, ont eu les répercussions les plus fâcheuses sur l'industrie cotonnière en France et en Europe. Il a semblé parfois que ces spéculations n'étaient point le fait de joueurs avides de faire des fortunes rapides, mais qu'il se cachait derrière certaines d'entre elles des manœuvres parfaitement raisonnées pour mettre en fâcheuse situation les industries européennes qui utilisent le coton. Ces manœuvres assez extraordinaires, coïncidant avec les efforts que font les Américains pour créer des filatures et des tissages, ont dû paraître destinées à favoriser ces derniers et à paralyser la concurrence européenne (1) ».

Dans les États-Unis du Sud, deux associations se sont fondées pour réglementer les prix du coton : 1° l'Union des fermiers, qui comprend 500,000 planteurs et qui taxe le prix du kilog. de

(1) Voyez *Journal des Colonies*, 23 février 1906 : *Les industries cotonnières et la question du coton en Afrique occidentale française*, par G. Doumergue.

coton à 1 fr. 20 ; 2° l'Association cotonnière du Sud, qui « contrôle » les trois quarts de la récolte du coton et entend faire monter le prix à 1 fr. 65. Or, il est prouvé que le prix de 1 franc laisserait encore un bénéfice suffisant au planteur. « Si nous admettons que la consommation mondiale actuelle est de 13 millions de balles par an, nous trouvons, à 226 kilog. 50 par balle au prix de 1 franc le kilog., 2,944,500,000 francs pour la valeur de la récolte moyenne aux États-Unis. Or, si l'Association cotonnière du Sud parvient à faire prévaloir le prix de 1 fr. 65 le kilog., c'est 4 milliards 858,025,000 francs que sera payée la même récolte. Et l'industrie cotonnière du monde entier donnera annuellement 1,913,925,000 de bénéfice supplémentaire aux producteurs . L'Ancien Monde, consommant les deux tiers de la récolte américaine, aurait à payer sur

cette base . . . . 3,238,950,000 fr. alors que normalement il n'en

devrait payer que . . . . 1,963,000,000 fr.

C'est donc. . . . . 1,275,950,000 fr. que l'Association cotonnière du Sud entend soutirer en plus annuellement à l'Europe pour le coton qui lui est nécessaire (1) ».

Or, comme les tissus du coton sont des tissus démocratiques, c'est la classe la moins aisée qui serait appelée à souffrir de cette situation.

L'Europe peut-elle échapper au « contrôle » des États-Unis ? La France, mieux que toute autre

---

(1) Voyez *Bulletin de l'Association cotonnière coloniale*, février 1907 : *Le coton au point de vue économique et colonial*, par M. Esnault-Pelterie. p. 552.

nation (1), est appelée à conjurer ce danger, car ses « possibilités » cotonnières coloniales ne sont aujourd'hui l'objet d'aucun doute. Pendant la guerre de sécession, elle a su se substituer aux États-Unis, et si son outillage de production avait été plus perfectionné, si elle avait eu plus de temps devant elle, il est certain que dès ce moment elle aurait été pour ceux-ci une concurrente redoutable. D'ailleurs, le fait que les États-Unis ont mis cinquante ans à obtenir une exportation de soixante-dix tonnes de coton, et que, après trois années, nos colonies en ont fourni une quantité bien supérieure, montre ce dont celles-ci sont capables. L'Afrique occidentale, par sa situation favorable, semble toute désignée pour l'extension de cette culture. La main d'œuvre y est déjà suffisante, et le prix en est moins élevé qu'aux États-Unis. Quant au transport, il est bien moins coûteux. « Le fret intérieur du Texas à Galveston est de 70 francs la tonne environ, et de New-Orléans ou Galveston au Havre, de 40 à 45 francs. C'est au total 110 francs la tonne, alors que nous arrivons à 70 francs au grand maximum des rives du Niger au Havre (2) ».

Quant au rendement probable à l'hectare, on ne peut guère le déterminer actuellement : il varie de 50 à 1,200 kilogs. D'ailleurs, aux États-Unis, il dépend du pays et du mode de culture, et

(1) La situation de la France est en effet bien supérieure à celle de l'Allemagne ou de l'Angleterre, qui ne possèdent que « des enclaves côtières en marge de la zone de production active du coton soudanais ».

(2) Voyez *Bulletin de l'Association cotonnière coloniale*, numéro et article cités, p. 537.

oscille entre 100 et 400 kilogs. Mais il est certain que le coton de l'Afrique occidentale, dont le climat permet d'obtenir les plus belles sortes américaines, pourra, d'ici un nombre d'années plus ou moins long, et lorsque les essais actuels auront abouti, grâce à la culture européenne, se substituer sur nos marchés à celui de l'Amérique. La Casamance, la Guinée, le Dahomey sont appelés à devenir des centres de production. Mais le centre le plus important sera le Soudan, à cause du double voisinage des fleuves Sénégal et Niger. Seulement il faut persévérer dans l'effort, et si au début on éprouve quelques mécomptes, il ne faut pas se décourager. Alors que l'Europe envoie chaque jour 5,000,000 de francs à l'Amérique pour pourvoir à ses approvisionnements de coton, nous ne devons pas hésiter à dépenser quelques millions pour nous efforcer de tirer de nos colonies les 250 à 300 millions de coton dont nos usines ont annuellement besoin (1).

C'est dans ce but d'intérêt national qu'a été créée, le 14 janvier 1903, l'Association cotonnière coloniale, qui veut « empêcher la ruine d'une industrie française considérable et nécessaire ». C'est à M. Esnault-Pelterie que revient l'honneur de cette initiative : c'est lui qui dirige cette ligue économique contre les trusts et le monopole.

----

(1) En France, nos trois grandes régions cotonnières comptent un millier d'usines (filatures ou tissages) mettant en œuvre plus de 6 millions de broches à filer et environ 110,000 métiers à tisser : 250,000 ouvriers sont employés à cette tâche. Et sur les 300 millions que nous versons chaque année à l'étranger pour acheter la matière première qui nous manque, les neuf dixièmes vont aux Etats-Unis (Voyez *Q. D. et Col.* numéro et article cités).

Différents problèmes importants furent examinés par l'Association, notamment celui de « produire, au moins en partie, dans les colonies françaises, la matière première qu'elle (la métropole) achète à l'étranger et surtout aux Etats-Unis. » De toutes nos colonies, celles où la question cotonnière présente le plus d'intérêt sont l'Indo-Chine et l'Afrique occidentale française. En Indo-Chine, la culture du coton est très facile, étant donnée la facilité du recrutement de la main-d'œuvre et des débouchés; seulement, il est impossible de classer la matière qui y est produite, toutes sortes de coton s'y trouvant mélangées. De plus, les rapports commerciaux avec la métropole ne peuvent être suivis, à cause de la distance. Il faudrait que des industries cotonnières s'établissent dans la colonie même; mais l'outillage y serait difficile à installer. L'Afrique occidentale, au contraire, est à proximité de la métropole, et les chemins de fer vont bientôt relier le Niger à la côte. D'autre part, son aptitude à la production du coton n'est plus contestable.

Cela devait forcément intéresser l'Association cotonnière coloniale à son sort, d'autant plus que, dès à présent, il est nécessaire de parer aux crises que la monoculture pourrait y amener. Le Sénégal et le Soudan, en effet, doivent uniquement compter actuellement sur la production des arachides : en leur fournissant une seconde culture destinée à servir de remède aux crises éventuelles de disette ou de surproduction, il est certain que c'est accomplir là une œuvre éminemment rationnelle et d'une utilité économique incontestable.

D'ailleurs, le pouvoir local a accueilli avec enthousiasme la tentative de l'Association et il l'a aidée de tous ses moyens, et c'est en collaboration avec elle qu'il a tenté de résoudre les différentes questions relatives à la culture et au mode de production.

Pour ce qui concernait la culture, deux opinions se présentaient. Les uns voulaient utiliser les types locaux en les améliorant par voie de sélection. Les partisans de cette idée invoquaient comme principale raison la résistance de ces types au climat de l'Afrique occidentale. De plus, disaient-ils, les espèces importées nécessiteraient trop de soins pour que la culture rudimentaire du noir leur suffise.

Les autres faisaient valoir le peu d'intérêt que présentaient les types du pays, même améliorés. D'ailleurs, les opérations de sélection feraient perdre un temps précieux et, comme les besoins de l'industrie française sont immédiats, la production la plus rapide, c'est-à-dire celle des types américains, semble la meilleure.

Ce fut cette dernière opinion qui triompha.

Quant au mode de production, deux solutions différentes pouvaient être adoptées : la production du coton devait-elle être le fait de l'indigène, ou bien celui de l'industrie française, au moyen du système des concessions ? Tout le monde repoussa ce dernier système et M. le gouverneur général Roume, dans un discours prononcé au banquet de l'Association cotonnière coloniale, se fit l'interprète de l'opinion générale en ces termes :

« Vous avez reconnu que, pour arriver à une

production abondante et régulière du coton dans l'Afrique occidentale, il faut s'appuyer avant tout sur l'agriculture indigène, sur le travailleur noir cultivant son champ, son lougan familial, en toute indépendance et en toute liberté. Vous avez écarté l'idée, la théorie séduisante, mais souvent décevante (et, dans ce cas, elle le serait certainement), de grandes concessions territoriales, où des escouades de nègres enrégimentés travaillaient pour le compte de puissantes sociétés financières..... Voilà un premier point acquis et d'une grande importance, parce qu'il est de nature à vous éviter bien des déceptions ».

Ainsi, la question cotonnière dans nos colonies de l'Afrique occidentale se ramène à ces deux idées : production par l'indigène, et emploi des types américains. Pour développer la culture du coton, on devra fournir au noir les semences des types choisis et leur indiquer les meilleurs moyens de production. Il faudra également encourager les planteurs par des primes et des gratifications. La solution de ces différents problèmes est du domaine de l'Association cotonnière coloniale, rendue plus forte par son alliance avec l'administration (1).

(1) L'Association cotonnière tient le public au courant de ses travaux par un bulletin périodique qu'elle publie depuis sa fondation. Ce journal est complété par les rapports publiés par l'administration.

CHAPITRE IV

Le Palmier à huile.

On trouve le palmier à huile en Guinée, en Côte-d'Ivoire et surtout au Dahomey. Les bas fonds et les terrains humides sont les endroits où il pousse de préférence, car cet arbre, pour sa bonne venue, demande beaucoup d'eau ; aussi, les années de sécheresse, la récolte des noix de palme se trouve considérablement diminuée. Le palmier ne réclame aucune culture spéciale, aucun soin particulier ; mais, comme pour toute plante, si l'on s'occupe de lui on peut augmenter sensiblement son rendement. C'est avec ses fruits que l'on fabrique l'huile de palme. Ceux-ci atteignent environ la grosseur d'un œuf de pigeon : ils sont constitués par un noyau très dur, entouré d'une pulpe enveloppée d'un mince épiderme.

Récolte des noix de palme. — Le palmier ne produit guère de fruits avant la septième ou la huitième année de sa végétation. Il commence par fournir un ou deux régimes, d'environ 150 noix chacun, jusqu'à ce qu'il atteigne le maximum de dix à douze. La récolte principale se fait pendant les trois ou quatre premiers mois de l'année ; il y en a une seconde en août et septembre, inférieure comme quantité à la première (1). On reconnaît la maturité des fruits à leur teinte rouge orangé.

La récolte présente un certain danger, les arbres ayant souvent sept ou huit mètres de hauteur.

Les régimes sont cueillis avant que les fruits ne s'en séparent. On laisse détacher naturellement ou bien on extrait les noix une à une et on les met dans de vastes récipients, où elles restent durant quelques jours, jusqu'à ce qu'elles aient subi une légère fermentation : on les fait alors bouillir dans de l'eau pendant deux ou trois heures environ. Puis on passe à la fabrication de l'huile.

Fabrication de l'huile de palme. — Les indigènes foulent les fruits dans les jarres qui les contiennent, soit avec les pieds, soit avec les mains. Tout en foulant, ils séparent tant bien que mal les noyaux de leurs pulpes et en font un tas à part. Puis ils laissent reposer le tout environ douze heures ; pendant ce temps, l'huile monte à la surface, où on la décante. Elle est alors soumise à l'action d'un feu violent pendant vingt-quatre heures, et, lorsqu'on a éliminé les corps étrangers qui y sont restés, elle peut être livrée au commerce.

(1) On estime le rendement d'un palmier de 4 à 5 francs par an. Un hectare de palmiers est susceptible de rapporter 242 fr. 80 en huile et 75 fr. 70 en amandes : d'où un total de 318 fr. 50. Chaque arbre produit environ 5 kilogrammes d'huile et 3 kilogrammes d'amandes.

Il existe une autre façon de recueillir l'huile. On foule les fruits dans un réservoir où l'on a ménagé une ouverture qui permet à l'huile de s'écouler au fur et à mesure dans un récipient. Ce récipient communique lui-même avec un second, destiné à recevoir le trop-plein du premier. Les matières grasses montent à la surface et sont enlevées au moyen d'une calebasse.

L'huile de palme est à la fois un produit de consommation intérieure (1) et un article d'exportation. Elle est vendue de 5 fr. à 6 fr. 5o la mesure de 20 litres, soit environ 35 fr. les 100 litres. Elle est expédiée par ponchons de 45o litres sur les principaux marchés où se fait le commerce de ce produit. Ces marchés sont ceux de Marseille, de Hambourg, de Liverpool.

Pulpes. — Les pulpes sont utilisées par les indigènes, à raison des matières grasses qu'elles contiennent, pour la cuisson de leurs aliments. Elles constituent également un excellent combustible.

Amandes de palme. — Les amandes de palme, après avoir été extraites du noyau de la noix de palme, sont mises à sécher pendant quelques jours, et vendues ensuite aux commerçants. Leur commerce qui se fait sur les mêmes marchés que ceux où se traite l'huile, est tout aussi important. Elles sont généralement expédiées par sacs de 7o à 75 kilogs, à raison de 15o à

(1) Elle sert à l'indigène pour la cuisine et la toilette.

200 francs la tonne. Après trituration, elles donnent une huile abondante et incolore, et le tourteau provenant de cette trituration est employé pour la nourriture des bestiaux.

L'huile et les amandes de palme sont achetées sur place par des maisons de détail qui les amènent ensuite aux factoreries. Certains indigènes traitent aussi avec les producteurs, servant d'intermédiaires entre ceux-ci et les commerçants européens.

Autre utilisation du palmier à huile : le vin de palme. — Les indigènes recueillent volontiers le vin de palme. Ils abattent les palmiers et les laissent ainsi de dix à douze jours. Puis ils creusent profondément à même l'arbre, au niveau du bourgeon terminal (1). Dans la cavité, la sève s'accumule et elle est recueillie au moyen d'un canal d'écoulement placé au fond.

Le vin de palme est consommé de suite. Son goût est assez agréable et légèrement alcoolisé, car il subit une fermentation. Il est surtout fabriqué dans le Mono et près du lac Ahémé (Dahomey).

(1) La partie centrale du bourgeon terminal des palmiers qui ont ainsi servi à le fabrication du vin est souvent consommée par les Européens sous le nom de *chou palmiste*.

CHAPITRE V

Bananes et Ananas.

Les expériences faites en Guinée ont démontré que le climat et le sol de cette colonie sont remarquablement propices à la culture des fruits tropicaux, et de plus la main d'œuvre y est abondante et à bon marché. Or, les pays qui jusqu'à ces dernières années alimentaient de fruits les marchés européens, c'est-à-dire les îles Canaries et Madère, ont à peu près atteint le maximum de leur capacité de production. Et comme la consommation augmente, il est nécessaire de trouver d'autres centres de culture. La Guinée est toute désignée pour coopérer avantageusement à l'exportation des bananes et des ananas; d'ailleurs la production de ces fruits n'y est plus à l'état embryonnaire : plusieurs colons s'y livrent avec succès et leurs produits ont été fort bien accueillis sur nos marchés.

L'administration fait actuellement tous ses efforts pour développer ce genre de culture, qui peut devenir très rémunérateur.

Dans les deux paragraphes qui suivent nous étudions : 1° la culture du bananier; 2° celle de l'ananas.

I. Culture du bananier.

Culture et rendement. — On trouve en Guinée trois variétés de bananiers : celle de Camayenne, la variété locale, rencontrée dans les plantations indigènes des Rivières du Sud, et enfin celle des Canaries, la plus récemment introduite. Le commerce préfère cette dernière, qui est plus savoureuse et plus facile à conserver. Il y a donc intérêt à la propager, notamment l'espèce dite « *Musa Sinensis* » ou bananier de Chine, qui est à peu près la seule cultivée aux îles Canaries et à Madère.

Le bananier se multiplie par voie de rejetons : on sépare ceux-ci de la souche et on les plante en bananeraies.

Au bout de cinq ou six mois de plantation, les jeunes bananiers produisent à leur tour des rejetons, et on en conserve généralement deux pour la fructification prochaine ; une touffe complète présente donc deux plantes en fructification et deux pour le remplacement de celles-ci. Les régimes apparaissent à la fin de la première année ou au début de la deuxième. Il faut compter de soixante à quatre-vingt jours de la floraison à la complète maturité, selon que l'on est en saison sèche ou en saison des pluies. Un régime est mûr lorsque les bananes ont pris une teinte blanchâtre. On le coupe alors et on le suspend dans un endroit frais. Pour l'exportation, on cueille les régimes lorsqu'ils sont encore verts. Le poids moyen de ceux-ci est de 25 kilogrammes ; les plus gros atteignent 30 et 40 kilogrammes. Un régime ordinaire compte de 150 à 200 bananes ; un régime extra, de 240 à 250.

Quant au rendement à l'hectare, M. Yves Henry assure que si l'on cultive l'espèce la plus précoce, la « *Musa Sinensis* », qui se développe en quatre mois, on peut obtenir trois récolte par an à partir de la première fructification. Comme on compte 1,000 touffes par hectare, celui-ci produit environ 3,000 régimes.

En Guinée, où les terres sont pauvres, on peut pratiquer la culture intensive en améliorant progressivement le sol de la bananeraie. Le changement de terrain ne semble guère obligatoire qu'en cas de dégénérescence des souches ou de maladies continues.

Emballage, transport. vente. — Les régimes récoltés sont emballés avec précaution, et débarrassés de tous débris. L'expédition se fait généralement dans des caisses à claire-voie. Ils sont embarqués dans des cales qui leur sont spécialement réservées et sont l'objet du plus grand soin pendant la traversée.

Leur prix de détail varie, à Paris, de 15 à 25 francs, suivant la grosseur et la saison.

Uutilisation des fruits non marchands : la banane sèche. — Dans une bananeraie, tous les fruits ne sont pas bons à être expédiés : tels sont les régimes plus ou moins avariés, irrégulièrement mûris, de trop petite taille. D'autre part, certains arrivent trop tard pour pouvoir être embarqués. Pour utiliser tous ces déchets on emploie le procédé de la dessiccation. Après cette opération la banane, qui à l'état ordinaire contient de 60 à 70 0/0 d'eau, n'en renferme plus que 30 0/0, et ni son goût ni son parfum ne sont altérés.

Il y a différentes méthodes de dessiccation. Dans les pays où le soleil luit d'une façon constante, on pèle le fruit et on le soumet simplement à l'action solaire ; l'eau s'évapore ainsi tout naturellement.

Dans les régions telles que celles de la Basse-Guinée, où pendant l'hivernage le soleil ne se montre presque pas, on emploie un appareil spécial appelé évaporateur ou dessiccateur, qui fait circuler de l'air chaud sur les bananes à dessécher.

La dessiccation n'est encore qu'à l'état d'essai en Guinée. Il est à souhaiter qu'elle devienne rapidement une industrie, comme en Amérique, où elle donne de bons résultats.

II. Culture de l'ananas.

Culture et rendement. — L'ananas se rencontre dans la colonie à l'état spontané ; mais la variété locale ne vaut pas l'ananas de Pernambuco ou celui des Antilles.

Ce fruit se multiplie par des œilletons qui se trouvent à l'aisselle des feuilles, à sa base et sur la couronne. L'œilleton, après avoir été coupé, est planté, soit en place, soit en pépinière. Cette plantation doit se faire de préférence dans les terrains

irrigables ou dans ceux se desséchant le moins
pendant la saison sèche. La fructification a lieu
au bout de dix à douze mois. Chaque ananas développe trois ou quatre œilletons : le plus beau
est conservé pour la fructification prochaine, les
autres sont coupés et plantés.

Le moment de la récolte varie, suivant que les
fruits sont destinés à être consommés sur place
ou à être expédiés. Dans le premier cas, on les
cueille lorsqu'ils sont complètement mûrs et qu'ils
ont pris une teinte jaune ; dans le second, on les
coupe avant maturité, mais on doit néanmoins
attendre qu'ils soient entièrement développés.

L'ananas est un fruit très apprécié en France et
de consommation limitée, car il coûte relativement cher. Une production plus considérable
amènerait une forte baisse du prix d'achat et, par
conséquent, une consommation plus grande. Il
importe donc de propager cette culture, sur laquelle on peut fonder de belles espérances.

A l'hectare, le rendement d'une plantation de
5,000 pieds peut donner 7,000 fruits au moins, en
comptant deux fructifications par an.

Emballage, transport et vente. — L'emballage
des ananas est analogue à celui des bananes ; il
doit être fait avec le même soin et nécessite autant
de précautions.

Ce fruit est exporté dans toutes les principales
villes d'Europe, où il est généralement vendu en
conserves. Malheureusement il n'est pas à la por-
tée de toutes les bourses, et pourtant il serait
facile d'en faire un fruit de consommation cou-

rante si les marchands de produits tropicaux adoptaient des prix plus modérés, par exemple 2 francs pour les fruits moyens et 4 francs pour les gros fruits. Et malgré cet abaissement de prix ils réaliseraient encore un bénéfice sérieux, car la diminution de gain sur chaque fruit serait amplement compensée par l'augmention du nombre d'ananas vendus.

Ainsi, l'avenir des cultures de fruits tropicaux en Guinée dépend de la réalisation de deux désiderata que nous formulons : le développement de ces cultures, et l'abaissement des prix sur les marchés européens. Car, « il ne faut pas se le dissimuler, l'avenir de cette question ne réside pas dans la vente en petite quantité de fruits de luxe, mais bien dans la vulgarisation la plus grande possible de fruits de consommation courante (1) ».

(1) Voyez Yves Henry. *Bananes et ananas,* p. 112.

CHAPITRE VI

—

Le Mil.

—

Bien que le mil ne soit qu'un produit de consommation intérieure et que le montant de son exportation soit très faible, il a une grande importance en Afrique occidentale, où il constitue la base de l'alimentation du noir.

Nous envisagerons successivement sa culture et son emploi.

I. Culture du mil.

Variétés de mil. — Le mil est originaire de l'Afrique occidentale. De tout temps il y a été cultivé, principalement au Sénégal. On peut le diviser en deux espèces : le gros mil et le petit mil ; c'est celui-ci qui est le plus répandu. On en distingue quatre variétés principales : le *souna*, le *sanio*, le *tiotandé* et le *m'bakat* ou *fonio*. Les deux premières sont destinées à la préparation du couscous ; la troisième à faire le *nak* ou sortes de boulettes sucrées ; la dernière enfin, qui est celle employée pour la nourriture des oiseaux, croît à l'état sauvage.

Culture. — Le mil accomplit son cycle de végétation en quatre ou cinq mois. Les semailles ont lieu en juillet, la récolte en novembre et décembre. Cette graine demande à la fois beaucoup de chaleur et beaucoup d'eau. Le terrain du Sénégal lui convient, car il est en grande partie léger et sablonneux ; toutefois, certaines espèces préfèrent les terres fortes et fraîches. Dans les terres légères, on cultive le mil pendant l'hivernage. Le noir le sème au début de cette saison (1), après avoir au préalable brûlé les broussailles sur son champ en guise d'engrais. Puis, avec son hilaire, il creuse des trous peu profonds (2). La récolte a lieu quatre ou cinq mois après, c'est-à-dire de fin octobre à décembre, après deux, trois ou même quatre sarclages successifs exécutés soit

(1) C'est-à-dire du mois de mai au mois d'août.

(2) De même que pour la culture de l'arachide, la substitution de la charrue à l'hilaire doit être préconisée. Voici, en effet, les résultats des expériences faites en 1899 à la ferme de M'Bambey :

Variétés	Parcelles d'expériences	RENDEMENT					
		à la charrue	à l'hilaire	à la charrue	à l'hilaire	à la charrue	à l'hilaire
		Poids des tiges		Poids du mil non décortiqué		Poids du mil décortiqué	
		RENDEMENT DES PARCELLES PRÉPARÉES					
Bassi.....	un are.....	144 k.	133 tig.	46 k. 201	33 tig.	27 k.	14 tig.
Souna	un are.....	144 k.	122 tig.	16 k.	9 tig.	12 k.	6 tig.
		RENDEMENT A L'HECTARE					
Bassi.....	un are.....	19.210	16.500	4.624	3.300	2.700	1.400
Souna	un are.....	14.400	12.200	1.600	900	1.200	600

avec l'hilaire, soit avec une espèce de petite houe à main.

Quant aux terres inondées pendant l'hivernage, les semis sont faits dès que les eaux se sont retirées, c'est-à-dire soit fin octobre, soit en novembre ou même en décembre. Le terrain est préparé à l'aide d'une sorte de pioche dénommée « tongou » et des binages fréquents sont pratiqués, destinés à maintenir la surface du sol meuble. L'indigène récolte le mil d'avril à juin.

Récolte. — Le noir coupe les tiges, les laisse sécher au soleil, puis les entasse dans des greniers construits spécialement pour cet usage. Ce sont des espèces de grands paniers cylindriques surmontés d'un dôme en paille de forme conique et dans lesquels une petite ouverture est réservée sur le côté pour permettre à la femme indigène d'y puiser chaque jour la quantité nécessaire à la préparation du couscous.

Traite. — Après la récolte a lieu la traite du mil ; elle se fait surtout entre indigènes. Les Maures, s'occupant beaucoup de commerce et fort peu de culture, sont les principaux acheteurs ; d'ailleurs, leur pays est trop pauvre pour fournir une quantité de mil suffisante pour leur nourriture. Quelques négociants européens en achètent également pour l'expédier à Bordeaux, en vue de la préparation de la farine et de l'alcool.

Sa valeur commerciale varie de 9 à 10 fr. les 100 kilogs pour le gros mil et de 12 à 15 fr. pour le petit mil.

II. Usages du mil.

Le mil est surtout employé par les indigènes, qui le considèrent comme la plante la plus précieuse de l'Afrique occidentale ; mais il peut également être utilisé en Europe.

Il est considéré par le noir comme un aliment de premier ordre. Celui-ci le consomme généralement sous forme de couscous ou de sankal, sorte de bouillie faite avec du mil mélangé d'huile de palme ou du lait caillé sucré. Il en fabrique encore de la farine qu'il emploie de la même façon que le sankal, seulement le mil est réduit en poudre au lieu d'être simplement concassé en petits fragments. Cette graine est encore employée dans la préparation de bon nombre de mets ou boissons indigènes (1). L'Européen s'en sert comme succédané de l'orge dans l'alimentation des animaux. Sa paille, bien qu'inférieure à celle d'arachide, constitue un bon fourrage.

Le mil est également employé pour la fabrication de l'alcool ; il en rend jusqu'à 41 o/o. Cet alcool pèse 95°. Il n'existe encore aucune distillerie destinée à l'extraire. Cependant, une telle industrie aurait des chances de réussir, car ce produit pourrait être écoulé sur place auprès des noirs fétichistes.

(1) La cendre obtenue avec les tiges de mil renferme beaucoup de sels de potasse ; les indigènes en fabriquent une sorte de savon noir ; avec les écorces du mil, ils font une teinture rouge. Ils utilisent encore les tiges pour la construction des cases et des palissades.

CHAPITRE VII

Autres cultures et produits de l'Afrique occidentale.

Les productions que nous avons étudiées dans les chapitres précédents ont une importance primordiale pour l'avenir agricole et commercial de l'Afrique occidentale française. Mais il en est d'autres qui, si elles ne jouent qu'un rôle secondaire, méritent néanmoins d'être signalées. Parmi celles-ci, nous pouvons citer : la gomme, le karité, le manioc, l'indigo, l'igname, le maïs, le riz, la patate, le coprah, la noix de kola, l'acajou, le tabac et les graines de sésame.

Nous donnerons sur chacun de ces produits un sommaire aperçu.

La gomme. — La gomme arabique est surtout un produit du Sénégal et de la Guinée. L'espèce la plus répandue est celle qui provient de l'*acacia vereck*, qui se trouve dans les forêts de l'intérieur. La récolte se fait au moment où les vents d'est de mars fendillent les troncs. En Guinée, on rencontre également de la gomme copale, et son

exploitation est appelée à y prendre de l'importance, notamment en Mellacorée et dans les régions du Rio-Pungo, du Rio-Ninez et du Cassini.

En 1903, 3 kilogs de gomme copale première
qualité valaient environ 5 francs. En 1904, le
kilog. est payé 2 fr. 50, et cette année son prix
est monté à 3 francs pour être revendu 5 francs à
Konakry (1).

Le karité. — Le karité, ou arbre à beurre, rappelle un peu nos chênes. Il pousse généralement
sur les pentes des collines, dans les terrains rocail-
leux. Il peut atteindre de dix à vingt mètres de
hauteur et jusqu'à trois mètres de diamètre. Les
fruits, qui sont de forme ovoïde et de la grosseur
d'un œuf de perdrix, mûrissent de juillet à fin août.
Lorsqu'ils sont mûrs, ils ont une teinte vert foncé.
La pulpe est consommée par les indigènes, qui
ramassent soigneusement les noix ; celles-ci contiennent une amande très riche en corps gras. Le
noir les fait cuire. durant trois heures environ, dans
des jarres en terre, puis il les laisse pendant quelques jours sécher au soleil ; après quoi il extrait
l'amande en brisant la coque entre deux pierres.
Il pile ensuite toutes les amandes ensemble de
façon à en former une sorte de pâte, qu'il traite à
l'eau bouillante pendant cinq ou six heures. Puis
il décante l'huile qui surnage et en obtient ainsi
un « beurre de première expression », comestible,
ressemblant au beurre ordinaire ; après quoi il

(1) Un traitant intelligent vient de faire venir à ses frais et à
bon marché, de la Mellacorée, 1,000 tonnes de gomme de Guinée, qu'il a revendu 5 millions de francs.

retire une huile plus foncée, qui sert à l'éclairage. Le tourteau de karité peut être utilisé pour l'alimentation des animaux.

Le commerce du beurre de karité est local : sur les marchés, ce produit vaut de o fr. 3o à o fr. 5o le kilogramme.

Le manioc. — Le manioc est une plante qui mesure 2 mètres à 2 mètres 5o de hauteur. Les plantations se font de mars à juillet, au moyen de boutures ; les tubercules qui se développent dans le sol vers le collet de la plante et qui constituent la partie utile de ce végétal peuvent être récoltés après un cycle de végétation d'environ dix mois. Les indigènes cultivent deux espèces de manioc : le manioc amer et le manioc doux. Ils consomment ce produit soit naturellement, soit avec l'huile de palme. Ils en font également de la farine en râpant les tubercules, puis en les desséchant.

L'indigo. — L'indigo est semé au début de l'hivernage, c'est-à-dire vers le mois de juin. Il donne une récolte vers octobre et un pied de plus d'un an rend jusqu'à trois récoltes par an. Les feuilles de cette plante sont recueillies et isolées de toute impureté. On les presse ensuite dans un mortier en les réduisant en pâte et c'est cette pâte qui, une fois séchée, donne le pain d'indigo, si utilisé par les indigènes pour la teinture en bleu de leurs tissus.

L'igname. — L'igname est une des plantes né-

cessaires à l'alimentation du noir. Sa culture se
pratique en mars, dans des terrains légers : elle
est analogue à celle de la pomme de terre dans
nos pays. On divise chaque tubercule en un
certain nombre de portions que l'on met ensuite
en terre. Il faut compter environ sept mois pour
la végétation complète de cette plante, qui se
récolte à partir de septembre. Comme pour le
manioc, il y a deux variétés d'igname : l'igname
douce et l'igname amère. C'est cette dernière qui
est la plus répandue. Les indigènes préparent les
tubercules pour leur consommation de différentes
façons : si la récolte a eu lieu avant maturité complète, ils les font griller sur des charbons ; lorsqu'ils sont entièrement mûrs, ils les épluchent,
puis les font cuire à l'eau, ou encore les réduisent
en une pâte blanche qu'ils accommodent à des
sauces pimentées.

Le maïs. — Le maïs est également un des principaux aliments du noir. Ce dernier en cultive
deux principales espèces : le maïs blanc, qui est
le plus répandu, et le maïs rouge. Les semis ont
lieu soit en mars-avril, soit en septembre-octobre.
La maturité est complète quatre ou cinq mois
après les semailles. L'indigène consomme le maïs
en grains lorsque la récolte a lieu avant maturité et que les grains sont encore laiteux et sucrés.
Lorsque les épis sont mûrs, le noir réduit les
grains en farine et prépare avec celle-ci l'*akassa*
en la mélangeant avec de l'eau. Cela forme une
sorte de bouillie que l'on divise en portions de 3oo
à 4oo grammes, qui sont vendues en boules sur

les marchés. Pour o fr. o5 on peut avoir de deux à douze boules d'akassa.

Le prix d'achat du maïs varie entre 2 francs et 3 francs les 100 kilogrammes. Ce prix peu élevé permettrait d'en faire un produit d'exportation si les frais de transport n'étaient pas aussi élevés. L'abaissement progressif des tarifs, à mesure que l'exploitation des lignes de chemin de fer deviendra plus étendue, amènera certainement l'exportation rémunératrice du maïs de notre Afrique occidentale.

Le riz. — Le riz est cultivé dans toutes nos colonies de l'ouest de l'Afrique, mais en petite quantité. On le sème ordinairement dans les bas fonds, vers le mois de juin ; la récolte se fait en décembre. Les indigènes séparent les grains de la paille par battage au fléau. Puis ils procèdent au décorticage des grains. Le riz est un produit de consommation locale ; le noir n'en cultive que la quantité nécessaire à sa nourriture. S'il y a un excédent de production, il vend le surplus sur les marchés de la région, au prix de o fr. 15 à o fr. 25 le kilogramme, selon que le riz est en paille ou décortiqué.

La patate. — La patate se propage par bouturage. Les plantations se font de juillet à novembre et la récolte a lieu six mois après. Les tubercules sont consommés au fur et à mesure, car ils ne peuvent se conserver, et c'est pourquoi les indigènes échelonnent leurs plantations sur une période de quatre mois. La patate est mangée soit frite dans de l'huile de palme, soit à l'eau.

Le coprah. — Le coprah n'est autre chose que la noix de coco séchée. On récolte les cocos au fur et à mesure qu'ils tombent sur le sol. On les réunit en tas et, lorsque leur nombre est suffisant, on procède à l'extraction du coprah dé la façon suivante : les indigènes divisent les fruits en deux, au moyen d'une hache et exposent chaque partie au soleil de façon à ce que l'amande se dessèche et se détache de la coque. Celle-ci est ensuite, à son tour, soumise à la dessiccation pour pouvoir être conservée. Elle est alors considérée comme **coprah commercial**. Au Dahomey, après l'huile de palme, c'est le commerce des coprahs qui est le plus important. On exporte ceux-ci à Marseille où on les emploie à la fabrication de l'huile de coprah ou beurre de cacao, utilisé en savonnerie. On en fait aussi de la végétaline, qui est du beurre de cacao désacidifié et épuré. Durant ces dernières années ce commerce a subi une crise provenant d'un parasite qui causait de grands ravages dans les cocoteraies ; mais l'administration a ordonné de brûler les feuilles et les fruits atteints. Cette mesure a enrayé le mal et la culture du cocotier continue à prendre de l'extension.

La noix de kola. — Le kolatier pousse dans le Bas-Dahomey et principalement en Guinée. Il produit des noix de la grosseur d'un œuf de pigeon. L'exportation de celles-ci est encore peu considérable, surtout au Dahomey, mais leur culture est susceptible de développement.

L'acajou. — L'acajou est un important produit

d'exportation, en Côte-d'Ivoire notamment, où cet arbre atteint jusqu'à deux mètres de diamètre. L'exploitation de ce bois nécessite une main-d'œuvre nombreuse, tant pour l'abatage que pour l'équarrissage. Il est vendu sous forme de billes, par des traitants noirs. La plus grande partie de ces billes est envoyée à Liverpool ; la France ne consomme que de un cinquième à un dixième de la production totale.

Le tabac. — Le tabac cultivé actuellement en Afrique occidentale est de qualité inférieure et sa production est peu considérable. Mais il semble qu'en choisissant les espèces et par une culture rationnelle on pourrait arriver à faire de nos colonies de l'Ouest-Africain des pays d'exportation de tabac. On aurait tout intérêt à s'occuper de cette question, car peut-être aboutirait-on à un résultat si, comme pour le coton, on recherchait les variétés étrangères, notamment celles dès Antilles, susceptibles de s'acclimater le plus aisément, et si on tâchait de créer des débouchés à ce produit en amenant les manufactures françaises à l'accepter dans les mêmes conditions que les tabacs d'Amérique.

Le sésame. — Le sésame est un produit d'exportation qni a conservé sur les marchés d'Europe une valeur suffisante pour en permettre la culture. C'est une plante de venue très facile et qui donne environ à la récolte 35 pour 1 de semence. Le principal marché d'importation des graines de sésame est celui de Marseille.

CHAPITRE VIII

L'Élevage.

Les animaux sont les auxiliaires de l'homme dans les entreprises agricoles. C'est ce qui donne à la question de l'élevage dans les pays neufs, qui sont avant tout des pays agricoles, une si grande importance. Le colon devra s'efforcer, en les sélectionnant, d'améliorer les races existantes. De plus, si l'expérience lui prouve que telle ou telle espèce étrangère est susceptible de s'acclimater facilement et de rendre de plus grands services que les espèces indigènes, il devra l'importer dans le pays. C'est le rôle des *fermes d'essai* de rechercher quelles sont les races aptes à se développer en Afrique occidentale et quels sont les croisements qui donneraient les meilleurs produits locaux.

Dans ce chapitre, nous envisagerons d'abord quels sont les parties de l'Afrique occidentale où l'élevage peu être pratiqué avec le plus de chance de succès ; puis nous examinerons quels sont les divers animaux pouvant être utilisés tant par le colon que par l'indigène.

Le Sénégal est doté de vastes contrées d'élevage.

En effet, de nombreuses régions, telles que celle située de Podor à Matam, sont susceptibles de produire des fourrages indigènes pouvant facilement se conserver. De plus, la paille d'arachide, le maïs, le sorgho fourrager, sont précieux pour l'alimentation du bétail. En Guinée, la région du Foutah-Djallon est particulièrement propice à l'élevage. Ses pâturages y sont nombreux et excellents. Lorsque les communications seront devenues plus faciles, le transport des animaux permettra encore d'y accroître cette source de richesse. Le Soudan est appelé, d'ici quelques années, à devenir « l'immense parc de réserve de l'Afrique occidentale française (1) ». En Côte-d'Ivoire, il y a très peu de troupeaux ou de chevaux, car, étant donné l'insalubrité du climat, les animaux n'y vivent que très difficilement. Au Dahomey, les principaux obstacles sont ceux provenant du manque de moyens de transport : lorsque le chemin de fer sera terminé et que le bétail pourra être amené en bon état d'un centre à un autre, l'élevage pourra y prendre beaucoup d'extension.

Parmi les animaux qui rendent le plus de services en Afrique occidentale, citons : le cheval, l'âne, le mulet, le bœuf, le mouton, la chèvre, le porc, les oiseaux de basse-cour, le chameau, l'éléphant, l'autruche, l'aigrette, les abeilles.

Le cheval. — « Chez un peuple pasteur et nomade, qui rayonne sur de vastes pâturages et dont

(1) Voyez M. Yves Henry : *L'Elevage dans l'Afrique occidentale française*, p. 21.

la population n'est pas en rapport avec l'étendue de son territoire, le cheval est une des nécessités de la vie (1) ». C'est ce qui explique la passion pour cet animal professée par les races soudanaises, passion qu'il faut entretenir et développer, car le Sénégal et le Soudan peuvent devenir des centres importants d'élevage.

Le cheval indigène est « mou et de petite allure ». Néanmoins, il rend d'utiles services en Afrique occidentale. On pourra l'améliorer par voie de sélection, par l'accouplement de beaux et bons produits. On ne peut guère songer à employer des chevaux étrangers, car l'expérience a démontré qu'il est plus avantageux d'améliorer les races locales que d'essayer, au moyen de croisements, d'en créer une nouvelle. « Chaque contrée produit des animaux adaptés, aussi bien par la taille que par les autres qualités, à son climat, à la nature et à l'exploitation de son sol. Vouloir lutter contre les modifications naturelles, « c'est ajouter gratuitement et maladroitement une difficulté de plus à toutes celles déjà suffisamment grandes des machines animales. » (Cornevin). (2).

L'âne. — L'âne existe partout en Afrique occidentale, sauf dans la zone côtière. Il est de petite taille et les noirs l'utilisent soit comme monture, soit comme porteur. C'est certainement l'un des animaux les mieux acclimatés. Certaines races du Soudan professent une grande répulsion pour

(1) Voyez Yves Henry, op. cit. p. 63.
(2) Voyez Yves Henry, op. cit. p. 68.

l'âne qui, cependant, par sa sobriété et son endurance, peut être très utile.

Le mulet. — Les essais du mulet d'Algérie ont donné d'excellents résultats, car celui-ci peut faire des travaux plus pénibles que le cheval et l'âne. C'est pourquoi on devra développer sa production et veiller à ce qu'elle se fasse dans les meilleures conditions possibles. Le mulet est encore plus méprisé que l'âne par les noirs et l'on aura fort à faire pour lutter contre leurs préjugés.

Les bœufs. — Les bœufs de l'Afrique occidentale peuvent se ramener à quatre types différents : 1° le bœuf à bosse ou *gobra*, bœuf porteur par excellence et apte à fournir une somme de travail considérable ; 2° Le *N'Dama,* de petite taille et fournissant une très bonne viande de boucherie ; 3° le *gabaruyé*, bœuf maure, se rapprochant du premier type mais n'ayant pas ses qualités ; 4° le quatrième type est formé par le croisement du taureau gobra avec la vache N'Dama. Ce croisement a donné d'excellents résultats et le futur élevage portera sur ce bœuf métis.

Les moutons et les chèvres. — Ces animaux constituent la base de l'alimentation en viande des indigènes. Les *moutons* peuvent se répartir en quatre races différentes : 1° race maure ; 2° race du Macina ; 3° race du Foutah-Djallon ; 4° race peulhe.

Leur viande est comparable à celle des moutons

algériens. Leur laine, tondue deux fois par an, est utilisée par les noirs pour la confection de couvertures. La question de l'exploitation de cette laine est fort intéressante, car le développement et l'amélioration de l'élevage des moutons pourraient procurer au commerce de réels bénéfices. En effet, d'après les dernières statistiques, une peau recouverte de sa laine et non lavée vaut o fr. 25, et ce chiffre peut être adopté comme prix fort du kilogramme de laine. La tonne de laine en suint du Soudan, transportée à Bordeaux, reviendrait à 5oo francs environ. En voici le décompte :

1° Achat d'une tonne de laine........	100
2° Transport par pirogues du point de production le plus éloigné, Goundam à Koulikoro......................	60
3° Emballage.	65
4° Coût de transport de Koulikoro à Kayes par voie ferrée, d'après les tarifs de la 3ᵉ catégorie, 550 kilomètres	55
5° Coût de transport de Kayes à Bordeaux directement par cargo-boats............................	70
6° Assurance, frais de transbordement et divers.........	150
	500

Si l'on compare ce prix au prix de 1,5oo francs qui, sur le même marché, est celui de la laine brute, on peut voir quels bénéfices on pourrait réaliser.

La chèvre est très répandue en Afrique occidentale. On en distingue deux races différentes : 1° la chèvre maure, ou race du nord ; 2° la chèvre du Foutah-Djallon, ou race du sud. Bien que moins intéressant que le mouton, cet animal, tant par ses qualités prolifiques que par sa

7

sobriété, rend d'utiles services. D'ailleurs, sur les marchés, il est l'objet de nombreuses transactions, son lait étant très bon et sa chair fort mangeable.

Le porc. — En certains endroits de la Côte, l'élevage du porc est une source de revenus pour le noir. En Afrique, sa viande est loin de valoir celle que nous mangeons en France.

Oiseaux de basse-cour. — La poule indigène est petite, son poids maximum est de 1,500 grammes. On a tenté de lui substituer des poules de France ou de Madère ; les premières n'ont guère pu s'acclimater, quant aux secondes, elles n'ont pas souffert du changement, ce qui permettra de les utiliser de préférence aux espèces du pays. Parmi les oiseaux de basse-cour, signalons encore la pintade, le canard de Barbarie et le pigeon.

Le chameau. — Le chameau se trouve au Sénégal, mais surtout au Soudan. On en distingue deux races : le chameau-porteur ou *djmel*, et le chameau-coureur ou *mehari*.

Il est inutile de rappeler de quelles ressources est cet animal, par sa sobriété légendaire, surtout lorsqu'on a à traverser une région dénudée.

L'éléphant. — L'éléphant est devenu rare en Afrique occidentale, c'est ce qui explique la baisse progressive de l'exportation de l'ivoire. Ainsi la Côte-d'Ivoire en a exporté pour 34,190 francs en 1902 et seulement pour 4,855 francs en 1904. La

Guinée, de 59,566 francs en 1902, a vu la valeur de ses exportations baisser à 39,385 francs en 1904.

Au Dahomey, la production de l'ivoire a légèrement prospéré, puisque les statistiques accusent une exportation de 5,598 francs en 1902 et de 9,240 francs en 1904. Le prix du kilogramme pris sur place est le suivant : 2 francs pour les défenses de 1 à 15 kilogs ; 4 francs pour celles de 15 à 25 kilogs ; 6 francs pour celles dont le poids est supérieur à 25 kilogs.

L'autruche. — L'autruche se trouve principalement dans les régions de la boucle du Niger. Jusqu'en 1887, les Maures se livraient au commerce des plumes d'autruche ; mais à partir de ce moment, ils cessèrent, d'où l'on délaissa progressivement l'élevage de ces animaux, d'autant plus qu'une vive concurrence était faite par les plumes du Cap.

Il est à souhaiter que cette question soit reprise et que des mesures sévères viennent empêcher la destruction inconsidérée de ces oiseaux, qui peuvent être l'une des sources de richesse du Soudan.

L'aigrette. — Signalons encore le profit que l'on pourrait tirer du commerce des plumes d'aigrette, qui valent de 300 à 500 francs le kilogramme. Ces oiseaux existent en effet dans les territoires voisins du Sénégal et du Niger et encore dans la région des lagunes, vers Kotonou et Porto-Novo ; ils se laisseraient facilement domestiquer. Seulement il est de toute nécessité d'en réglementer la chasse (1), car l'appât du gain amènerait probablement la destruction de ces animaux.

Les abeilles. — La Casamance, la Guinée, le Dahomey et une partie du Soudan, se prêtent à l'élevage des abeilles, et même les indigènes en possèdent des ruches.

Le tableau ci-dessous donne en poids et en valeur le montant des exportations de la cire pendant les années 1902, 1903 et 1904 :

COLONIES	Désignation des Produits	1902		1903		1904	
		Poids	Valeur	Poids	Valeur	Poids	Valeur
		kilogs	Francs	kilogs	Francs	kilogs	Francs
Sénégal	Cire	9 608	10.655	4.648	8 289	55.011	45.387
Guinée Française	»	»	41 519	21.713	43 425	24.951	49.902
TOTAUX..........		9.608	52.184	25.361	51.714	79.962	95.289

(1) Voyez l'arrêté du 14 octobre 1904 pris par le lieutenant-gouverneur du Dahomey, relatif à la conservation de certaines espèces animales et notamment des aigrettes.

SECTION II

L'INDUSTRIE

L'industrie est encore à l'état rudimentaire en Afrique occidentale. L'industrie européenne y est à peu près nulle à cause du peu de succès des essais qui ont été faits et de l'inaptitude de la main-d'œuvre noire. Il ne faut pas songer à employer des travailleurs blancs, car ceux-ci seraient rapidement terrassés par les rigueurs d'un climat inclément. L'industrie indigène est également peu développée : elle ne fabrique que les choses strictement nécessaires aux besoins du noir.

I. Industrie européenne.

Il n'y a qu'un très petit nombre d'industries européennes, celles qui sont indispensables au fonctionnement du chemin de fer et quelques industries extractives. Les *industries auxiliaires de la voie ferrée* sont : quelques machines à glace (1), notamment dans le Haut-Sénégal et le Niger, à Kati, à Toukoto, à Kayes ; plusieurs fours à chaux, briqueteries, tuileries. A Bammako, la chaux est fabriquée avec les coquilles d'huîtres du Niger. Des huileries d'arachides ont bien essayé de s'installer au Sénégal, mais les raisons d'outillage ainsi que les avaries subies pendant le transport par la marchandise fabriquée ont vite eu raison de ces tentatives. Il faut encore noter les ginneries à coton, où le coton brut est travaillé et rendu en balles cerclées, après une première pression. Ces industries s'établissent dans les escales des fleuves, pour être à la fois proches des centres de production et des voies de communication.

L'*industrie extractive* est pratiquée en Guinée et dans les territoires du Haut-Sénégal et Niger. On trouve de l'or, en effet, dans les terrains d'alluvion, sur la chaîne côtière de Guinée, entre le Kaboum et la frontière anglaise, et, vers le Niger, dans les bassins de Tinkisso et les affluents du Bafing et du Bakhay. Dans le Haut-Sénégal, le métal précieux est également recherché dans les régions de Bambouck, entre la rivière Falémé et les montagnes qui la séparent du Bafing. De plus, la Guinée possède une certaine quantité de fer à l'état d'oxyde. Il se peut que les recherches y amènent la découverte de gisements d'étain et de cuivre. On signale également la présence du mica dans la chaîne côtière et près de Boola.

---

(1) Le prix de la glace fabriquée varie entre 0 fr. 30 et 0 fr. 40 le kilogramme.

Une industrie qu'il faut souhaiter voir développer en Afrique occidentale est l'industrie électrique Ce serait la meilleure façon d'utiliser les importantes chutes du fleuve Sénégal (1).

II. Industrie indigène.

Ses besoins du noir étant rudimentaires, leurs industries ne sont que peu nombreuses et peuvent se réduire à quatre : l'industrie du fer, l'industrie du cuir et des peaux, l'industrie du tissage et l'industrie palmiste.

Industrie du fer. — Tous les forgerons indigènes ne savent pas extraire le fer du minerai : ainsi les Maures trouvent plus simple d'aller l'acheter aux escales ou chez leurs voisins. Le minerai est traité à l'aide de hauts-fourneaux en terre, de forme cylindrique et mesurant de trois à quatres mètres d'élévation et un mètre cinquante à deux mètres de diamètre (2).

Une ouverture est ménagée dans le haut pour le passage de la fumée : sur les côtés, des trous permettent aux soufflets de hâter la combustion. Au bout d'une huitaine de jours, lorsque la fusion paraît achevée, on débouche une ouverture spé-

---

(1) Voyez *Dépêche coloniale illustrée*, 31 mars 1906. *L'électricité aux coloniés*.

(2) Les ouvriers indigènes font alterner une couche de minerai avec une couche de charbon.

ciale qui permet au métal liquide de s'écouler dans un réservoir.

Avec le métal ainsi préparé, les noirs font, au moyen d'enclumes formées d'un morceau de fer piqué dans un moellon de bois, des poignards, des haches, des hilaires, réparent les fusils, préparent des étuis à gris-gris, des serrures, des cadenas, etc... Ils entretiennent le feu de leur enclume avec un soufflet des plus primitifs, formé avec une peau de bouc.

Les forgerons travaillent aussi l'or et l'argent et fabriquent des bijoux tels que bracelets et boucles d'oreilles (1). Ils sont également bûcherons et menuisiers : avec le bois qu'ils ont coupé ils confectionnent des plateaux, des piquets de tente, des calebasses, des mortiers à mil, etc.

Industrie du cuir et des peaux. — Pour préparer les peaux, les cordonniers les mettent dans des calebasses remplies d'eau et de feuilles de *moujeloud* et ils ajoutent des cendres ; ce mélange a la propriété de faire tomber les poils. Après quoi ils retirent les peaux de ce premier bain pour les plonger dans une seconde solution composée d'eau et d'écorce d'acacia *(nèp-nèp)* ou de manglier : au bout de huit jours, ils les font sécher,

---

(1) Dans le Bambouck, les forgerons mandingues extraient l'or de la façon suivante : ils creusent des puits de sept ou huit mètres de profondeur, ce qui leur permet d'atteindre la couche aurifère. Lorsqu'ils y sont arrivés, la terre extraite est recueillie par les femmes dans des calebasses : celles-ci vont faire des battées ; l'or ainsi obtenu est en quantité minime : la valeur extraite en est de 1 franc à 1 fr. 50 par jour.

puis les assouplissent à la main et leur donnent du brillant en les frictionnant avec une pierre lisse ou une lame de couteau. Ensuite, ils procèdent à leur coloration. Ils obtiennent la couleur noire avec une teinture provenant d'un bain de mil aigre et fermenté dans lequel on a fait tremper du fer rouillé. L'indigo donne le bleu ; les tiges de gros mil, le vert-foncé (1); le henné, le jaune. Avec ces peaux les indigènes fabriquent des tapis, des sandales, des porte-monnaie, des rideaux, des brides, des garnitures de selles, des sacs, des fourreaux de sabres, des gaînes de couteaux, etc.

Industrie du tissage. — Cette industrie comprend le tissage des poils de chameau, de la laine de mouton et surtout du coton. Les Maures ne tissent que le poil de chameau et la laine de mouton pour en faire des tentes : ils achètent la guinée nécessaire pour leurs vêtements dans les escales. Toutes les autres populations de l'Afrique occidentale pratiquent le filage et le tissage du coton. Après l'égrenage, celui-ci est cardé à l'aide de cardes ordinaires, puis filé à la main, de la même façon qu'en France on file le chanvre où le lin dans les campagnes. Puis les pelotes sont livrées aux tisserands qui emploient un métier analogue aux anciens métiers à tisser que l'on employait chez nous jadis. « Les fils sont montés sur deux châssis mobiles verticalement et l'indi-

(1) Les fruits de gommier rouge macérés dans de l'eau avec des cendres fournissent une teinte analogue.

gène fait mouvoir à la main une navette en bois dur qui fait le croisé. L'ensemble est monté sur bâti formé de quatre pieux fixés dans le sol : la tension du faisceau de fils est assurée par leur fixation à leur extrémité à l'aide d'un gros bloc de pierre (1) ».

Les tisserands ne peuvent confectionner que de longues pièces d'étoffes ; ils fabriquent des bandes d'au moins quinze et vingt mètres de long, mais très étroites ; ils les coupent ensuite en sections de cinq coudées (2 mètres 50). Chaque section vaut de quarante à cinquante centimes. Puis l'on procède à la coloration des tissés. On obtient les teintes désirées à l'aide de certaines plantes. Ainsi la teinte bure est donnée par l'écorce ou la racine de siga. Mais c'est généralement l'indigo qui fournit la teinture préférée des indigènes. Les feuilles de cette plante sont pilées dans un mortier de façon à ce que leur agglutination produise le pain d'indigo, qui se vend sur les marchés lorsqu'il est complètement sec. Ce pain conserve ses propriétés durant deux ans environ. Voici comment on prépare la teinture d'indigo. On émiette le pain dans une légère quantité d'eau et on l'y laisse pendant deux ou trois jours ; on le lave ensuite à grande eau de façon à éliminer les impuretés qui auraient pu rester dans les feuilles. On verse en petite quantité sur le pain ainsi nettoyé une solution d'eau alcaline, dans laquelle celui-ci demeure pendant trois jours également. Puis on remplit le

(1) Voyez Yves Henry. *Le coton dans l'Afrique occidentale française* (1906).

récipient aux trois quarts d'eau également alcaline (1). On laisse encore le mélange reposer trois
jours, puis on le bat avec une baguette dans le
but d'augmenter l'écume. Alors le bain est prêt à
servir. On y trempe le tissu de une à dix fois,
selon que l'on veut obtenir une nuance plus ou
moins foncée. L'absence totale d'écume dénote
l'épuisement du bain (2).

Les bandes de coton cousues latéralement servent à la confection de pagnes et de boubous très
solides. Un pagne nécessite de huit à dix bandes
et un boubou de douze à seize. Mais la concurrence des tissus d'importation qui, s'ils sont
moins solides, coûtent meilleur marché, tend à
faire peu à peu disparaître cette industrie.

Industrie palmiste. — L'industrie palmiste est
des plus intéressantes, elles se pratique dans les
pays où pousse le palmier à huile, c'est-à-dire en
Guinée, en Côte-d'Ivoire et au Dahomey. Nous
l'avons déjà étudiée dans notre première section.

---

(1). Cette eau alcaline est obtenue par le lavage de cendres
de bois de baobab, ou de cendres provenant de bois de sérémé,
de niama, kouna et certains autres arbres indigènes.

(2) Voyez Monteil. *Monographie du cercle de Djenné.*

**La question des pêcheries de la côte occidentale
d'Afrique.**

Bien que connues depuis le xve siècle, les
pêcheries mauritariennes n'avaient encore été
l'objet, jusqu'à ces dernières années, d'aucune
exploitation suivie, et les quelques tentatives faites
pour en tirer parti n'avaient guère abouti. Ce fut
M. Durand-Valentin qui, par la discussion qu'il
provoqua au Conseil général du Sénégal, remit la
question à l'ordre du jour, et un crédit de 250,000
francs fut voté pour permettre à une mission
d'étudier les poissons de la côte occidentale, au
point de vue de leur utilisation industrielle.
Celle-ci, dirigée par M. Gruvel, professeur à la
Faculté des Sciences de Bordeaux, partit de cette
ville le 15 janvier 1905, sur le vapeur *Guyane*.
Ses recherches portèrent sur la partie qui s'étend
entre le cap Blanc et le cap Vert ou la baie de
Dakar, notamment sur la baie du Levrier et les

bancs d'Arguin. Elle revint vers le milieu d'avril, rapportant des conclusions favorables. Depuis, M. Gruvel a publié un ouvrage sur « les pêcheries de la côte occidentale d'Afrique », où il rend compte des opérations de la mission et montre combien l'exploitation des parages de pêche sahariens aurait de chances de réussite.

Deux sortes de pêches sont surtout appelées à prendre de l'importance : celle de la langouste et celle de certains poissons qui peuvent être employés comme succédanés de la morue.

Pêche à la langouste. — La langouste est abondante sur toute la côte pendant la saison, c'est-à-dire de juillet à août : comme qualité, elle vaut celle de nos côtes. On la pêche à l'aide d'une sorte de filet indigène appelé *gardera* ou bien avec des caudrettes et des casiers (1). L'exploitation de ce crustacé, susceptible pourtant de donner de gros bénéfices, est complètement délaissée par les pêcheurs canariens, qui s'en servent comme d'un appât pour la capture des *tollos*, poissons dont ils sont très friands. Le prix des langoustes fraîches varie de 1 fr. 5o à 3 francs la pièce suivant leur grosseur.

(1) Certains indigènes ont une façon originale de pratiquer cette pêche. Après avoir séparé un poisson en deux, ils font sur l'une de ces moitiés un certain nombre de trous pour permettre aux langoustes de la saisir fortement. Puis ils l'attachent au bout d'une ligne et, à l'aide d'un plomb, ils la lancent au fond de l'eau. Les langoustes sont attirées par cet appât, que l'on a eu soin, au préalable, de laisser légèrement avarier. Le pêcheur reconnaît aux secousses imprimées au fil si leur nombre est suffisant, auquel cas il tire sa ligne. Quelques noirs ramènent même en plongeant un certain nombre de ces crustacés.

La question de la morue. — Cette question prend une importance de plus en plus grande, car l'Angleterre et la Norwège, devenant peu à peu les maîtresses du marché, pourront à leur gré élever les prix de la morue. Et comme celle-ci entre pour beaucoup dans l'alimentation de la classe besogneuse des grandes villes, cette augmentation retombera sur elle. Or, sur les côtes de Mauritanie, on rencontre en abondance des poissons presque analogues à la morue, tant par la forme que par le goût, tels que le *sama*, le *cherne*, le *curbina*, etc. Ils ont de plus l'avantage d'être beaucoup moins chers, puisque le prix de 5oo francs la tonne serait rémunérateur, tandis que la morue est payée de 8oo à 1,ooo francs. Ces poissons pourraient jouer, vis-à-vis de celles-ci, suivant l'expression de M. Gruvel, le même rôle que la viande de cheval vis-à-vis du bœuf.

Certes, on ne peut pas comparer les pêcheries de la côte occidentale à celles de Terre-Neuve, ni le banc d'Arguin au Grand-Banc. « A Terré-Neuve, la base de l'exploitation repose sur une seule espèce de poisson, la morue *(gadus morhua)* ; les autres espèces qui s'y rencontrent sont, au point de vue industriel, en quantité négligeable comparées aux gades, qui sont en prédominance. Aux Canaries, au contraire, les bancs ne sont pas peuplés d'une espèce beaucoup plus nombreuse que les autres, que l'on pourrait exploiter uniquement à l'instar de Terre-Neuve. La faune de ces bancs très poissonneux est composée de nombreuses espèces comestibles dont on peut tirer un parti bien plus avantageux qu'en les convertissant en *stockwisch*, ce qui serait dénaturé... (1) »

Mais ces pêcheries permettront « d'introduire dans l'alimentation courante, et c'est là un fait économique assez important, semble-t-il, des poissons qui, salés et séchés, seront comme des succédanés de la morue et qui, bien que n'atteignant pas la valeur des bonnes qualités de morue franche, pourront cependant entrer en notable proportion dans l'alimentation du peuple qui travaille et qui peine, des pauvres gens (2). »

Autres poissons. — En dehors des langoustes et des *morues d'Afrique,* on trouve sur les côtes quantité d'autres poissons pouvant être exportés, tels que sardines, soles, rougets, bars, etc, et des poissons de consommation intérieure. La sardine vaut de 0 fr. 20 à 0 fr. 30 les 20 pièces, et quand elle abonde, de 0 fr. 40 à 0 fr. 50 le cent. Une sole est payée de 0 fr. 75 à 3 francs.

Main-d'œuvre. — La main-d'œuvre ne fera pas défaut. Les Canariens sont habitués aux difficultés de la pêche de ces régions, et, en les intéressant aux bénéfices de l'exploitation, on se procurera facilement leur concours. De plus, les habitants de l'île de Fer ou de l'île Fuerteventura, qui sont fort pauvres, ne refuseront pas leur aide pour se créer quelques ressources. On ne peut guère songer

(1) Voyez *Bulletin de la Société belge de géographie,* 1903, p. 96 et 98-99.

(2) Voyez Gruvel. *Les pêcheries de la côte occidentale d'Afrique,* 1906, p. 259.

à se servir des Maures, qui sont avant tout pillards et nomades et ne montrent de goût que pour le commerce.

Débouchés. — Le poisson trouvera son écoulement et à l'extérieur et à l'intérieur.

Les crustacés pourront être vendus sur les marchés européens, où on les transportera dans des chambres réfrigérantes. Les débouchés des conserves de sardines, de rougets, de bars, de langoustes, etc., sont assurés.

Les poissons genre morue seront exportés salés et séchés. On pourrait créer de vastes salines dans la baie de Cansado qui se trouve dans la baie du Levrier; elles seraient ainsi à proximité des pêcheries.

Il faut bien s'attendre à une certaine résistance de la part du commerce de la morue, mais la bonne qualité et le prix modique du nouveau produit en auront vite raison. Comme débouchés immédiats, on peut signaler : le Maroc, où la population est avide de poisson salé ; l'Amérique du Sud, à cause de sa proximité avec Dakar ; la Guyane ; Cuba, dont la capitale, la Havane, est le marché le plus important du poisson mauritanien ; et même l'Espagne et le Portugal.

Le poisson qui, pour un motif quelconque, ne pourra être expédié, trouvera son écoulement auprès des indigènes de l'Afrique occidentale qui en sont très friands.

Avenir de la pêche mauritanienne. — Cette industrie, si elle est appuyée par le gouvernement, est appelée à prospérer. Il est aujourd'hui hors de doute que les parages du cap Blanc et de l'île d'Arguin sont peuplés d'une quantité considérable de poissons comestibles.

Le rendement annuel pour les pêcheurs canariens, qui sont environ 1,600, est de 85,000 quintaux, soit environ 3,000 kilogs par pêcheur. L'emploi des engins de la pêche moderne est appelé à faire croître encore ce rendement. Seulement, il est du devoir de la métropole de ne pas se désintéresser d'une question qui peut avoir pour elle un si gros intérêt. Il faut faire disparaître la différence qui existe entre le poisson pêché à Terre-Neuve et en Islande et le poisson pêché en « eaux françaises », sur les côtes de Mauritanie. Il n'est pas admissible que le premier bénéficie, sans distinction entre la vraie et la fausse morue, de la prime spéciale de l'armement, alors que le second est encore grevé d'un droit de douane sur les poissons séchés, droit qui est très élevé. « Et l'on s'étonne ensuite, dit M. Gruvel, que les pêcheries de la côte occiendale d'Afrique n'aient été, jusqu'ici, l'objet d'aucune entreprise industrielle vraiment digne de ce nom ? (1) »

Néanmoins, des efforts ont été déjà faits par l'administration dans le but de permettre une exploitation suivie. Le gouverneur général a pris des mesures destinées à assurer la sécurité des terres voisines des pêcheries. Un fortin a été construit et une garnison de tirailleurs a été installée pour défendre les parages de pêche des brigan-

____

(1) Voyez Gruvel, *op. cit.*, p. 256.

dages des Maures ; ces mesures seront bientôt
suivies d'autres (1). Il est également question de
créer au Sénégal des écoles pour la préparation
du poisson. De plus, depuis le 18 février 1907, un
service de navigation entre Dakar et la baie du
Lévrier assure le fret entre ces deux points. Enfin,
signalons la constitution, à la date du 1er juin 1907,
de la *Compagnie coloniale de pêche et commerce
au cap Blanc*, au capital de 725,000 francs Tout
porte à croire que, maintenant, la réussite de cette
entreprise n'est plus qu'une question de temps (2).

(1) Une somme de 500,000 francs a été prévue par le nouvel
emprunt de 1907 pour l'installation de pêcheries à la baie du
Lévrier.

(2) Pour plus amples renseignements, voyez l'ouvrage de
M. Gruvel cité plus haut, ainsi que : *Questions diplomatiques
et coloniales*, 1er février 1905 : *Les parages de pêche sahariens*,
par Henri Froidevaux, et les numéros de la *Dépêche coloniale*
des 14, 20, 26 novembre et 4 décembre 1903, 21 décembre 1904,
5 janvier, 1er et 5 août 1905.

APPENDICE II

———

**Les régimes foncier, forestier et minier en Afrique
occidentale française.**

———

Nous étudierons ces différents régimes en trois
paragraphes.

I. Régime foncier.

L'Afrique occidentale étant formée par un
ensemble de colonies essentiellement agricoles, il
importe de connaître les différentes conditions
auxquelles sont soumises les terres constituant
les domaines public et privé de notre Ouest-
Africain.

A. *Le domaine public.* — C'est le décret du 23
octobre 1904 qui établit la législation du domaine
public, des terres domaniales et des concessions.

1. En ce qui concerne le *domaine public* proprement dit, voici la délimitation établie par le
décret du 23 octobre. Font partie du domaine

public dans les colonies et territoires de l'Afrique occidentale française :

a) Le rivage de la mer jusqu'à la limite des plus hautes marées, ainsi qu'une zone de 200 mètres, mesurée à partir de cette limite ;

b) Les cours d'eau navigables ou flottables dans les limites déterminées par la hauteur des eaux coulant à pleins bords avant de déborder, ainsi qu'une zone de passage de 25 mètres de large à partir de ces limites sur chaque rive et sur chacun des bords des îles ;

c) Les sources et les cours d'eau non navigables ni flottables dans les limites déterminées par la hauteur des eaux coulant à pleins bords avant de déborder ;

d) Les lacs, étangs et lagunes dans les limites déterminées par le niveau des plus hautes eaux avant débordement, avec une zone de passage de 25 mètres de large à partir de ces limites sur chaque rive extérieure et sur chacun des bords des îles ;

e) Les canaux de navigation et leur chemin de halage, les canaux d'irrigation et de dessèchement et les aqueducs exécutés dans un but d'utilité publique, ainsi que les dépendances de ces ouvrages ;

f) Les chemins de fer, les routes, les voies de communication de toute nature, les ports et rades, les digues maritimes et fluviales, les sémaphores, les ouvrages d'éclairage et de balisage, ainsi que leurs dépendances ;

g) Les lignes télégraphiques et téléphoniques, ainsi que leurs dépendances ;

h) Les ouvrages déclarés d'utilité publique en

vue de l'utilisation des forces hydrauliques et du transport de l'énergie électrique ;

i) Les ouvrages de fortification des places de guerre ou des postes militaires, ainsi qu'une large zone de 250 mètres autour de ces ouvrages ;

j) Et généralement les biens de toute nature que le Code civil et les lois françaises déclarent non susceptibles de propriété privée.

Cette énumération est suivie de prescriptions diverses relatives aux servitudes et aux contestations pouvant s'élever relativement à leur limites.

Enfin le décret de 1904 édicte que toute contravention aux règlements arrêtés par le gouverneur général en conseil de gouvernement, ayant trait à la police, à la conservation et à l'utilisation du domaine public ainsi qu'à l'exercice des servitudes, sera punie d'une amende de 1 à 300 fr. sans préjudice de la réparation du dommage causé.

2. Les *terres domaniales*, c'est-à-dire les terres vacantes et sans maîtres de l'Afrique occidentale française, appartiennent à l'Etat. Les terres qui forment la propriété collective des indigènes ne peuvent être louées ou vendues qu'après approbation par arrêté du lieutenant-gouverneur, en conseil d'administration. La même règle est applicable lorsque l'occupation d'une partie de ces terres est nécessaire pour la création de centres urbains, et pour des constructions ou travaux d'utilité publique. Cette occupation comporte des compensations qui sont également établies par le lieutenant-gouverneur en conseil d'administration.

3. Le *régime des concessions* est le suivant :

« *a)* Les lots de terrain urbains compris dans un plan de lotissement arrêté par le lieutenant-gouverneur en conseil d'administration, et les concessions de moins de 200 hectares sont accordées par le lieutenant-gouverneur en conseil d'administration, aux conditions déterminées dans chaque cas par l'acte de concession lui-même, suivant le lieu, la nature du sol et de l'exploitation à entreprendre ;

« *b)* Les concessions portant sur une étendue comprise entre 200 et 2,000 hectares sont accordés par le gouverneur général, sur la proposition du lieutenant-gouverneur, après avis du conseil d'administration ;

« *c)* Les concessions portant sur une étendue supérieure à 2,000 hectares sont accordées par décret rendu sur le rapport du ministre des Colonies, sur la proposition du gouverneur général, et après avis de la commission des concessions coloniales.

« Dans ces deux derniers cas, les conditions de la concession sont stipulées dans un cahier des charges annexé à l'acte de concession, qui fixe également le taux des redevances.

« L'octroi de toute concession devra être précédé d'une publicité suffisante pour que tous les intérêts en cause puissent se produire et être examinés utilement avant l'établissement de l'acte de concession.

« L'acte de concession devra faire mention des conditions de cette publicité et être inséré au journal officiel de la colonie. »

B. *Domaine privé. Régime des biens fonciers.*
— Les biens fonciers de l'Afrique occidentale
française sont régis par le décret du 24 juillet
1906 (1), sur « la conservation de la propriété et
des biens fonciers », dont voici les principales
dispositions :

Le nouveau régime, qui remplace celui établi
par le décret du 5 avril 1900, est basé « sur le qua-
druple principe de la publicité (publication sur
des livres fonciers), de la spécialité (compte particulier pour chaque immeuble), de légalité (vérifi-
cation des justifications) et de foi due aux registres
(à l'égard des tiers) ».

La garantie assurée aux titulaires de droits réels
est obtenue par la publication sur les livres fonciers, à un compte particulier ouvert sur chaque
immeuble, de tous les droits réels qui s'y rapportent, ainsi que des modifications de ces mêmes
droits.

L'immatriculation est autorisée « quel que soit
l'état ou le statut des propriétaires ». D'où les
indigènes peuvent maintenant faire immatriculer
leurs immeubles, droit qu'ils ne possédaient pas
auparavant. Cela permettra à ceux-ci d'avoir un
crédit plus grand, du moment qu'ils pourront
désormais offrir un gage.

Cette immatriculation est facultative : elle n'est
obligatoire que : « 1° en cas de vente ou d'aliéna-
tion de terre domaniale ; 2° en cas de vente par
des indigènes à des non-indigènes ; 3° lorsqu'un
immeuble détenu jusque là suivant la coutume

---

1. Voyez *Journal Officiel,* 4 août 1906.

locale fait l'objet d'un contrat écrit, rédigé en conformité du droit civil français. » Mais une fois faite, elle est définitive, c'est-à-dire que désormais un immeuble ne pourra plus être soumis au régime qui le régissait auparavant.

Un « bureau de la conservation de la propriété et des droits fonciers » est créé au siège de chacun des tribunaux de première instance, pour permettre le fonctionnement de l'immatriculation et la publication des droits réels.

Les immeubles par nature ou par l'objet auquel ils s'appliquent sont soumis à la loi française. L'énumération des derniers, plus étendue que celle de l'article 526 du code civil, est donnée par l'article 20 du décret. Elle comprend :

a) Les droits réels immobiliers, qui sont : 1° la propriété des biens immobiliers ; 2° l'usufruit de ces mêmes biens ; 3° les droits d'usage et d'habitation ; 4° l'emphythéose ; 5° le droit de superficie ; 6° les servitudes et les services fonciers ; 7° l'antichrèse ; 8° les privilèges et hypothèques.

b) Les actions qui tendent à revendiquer un immeuble (1). — Notons également que d'après ce nouveau régime l'hypothèque judiciaire est supprimée : seules subsistent l'hypothèque forcée et l'hypothèque conventionnelle.

Enfin, l'article 58 du décret du 24 juillet 1906 réalise une réforme très importante :

« Dans les parties de l'Afrique occidentale française où la tenure du sol par les habitants ne

______

(1) Voyez l'ouvrage sur le Sénégal publié par le gouvernement général (1907), p. 239.

présente pas tous les caractères de la propriété telle qu'elle existe en France, le fait, par un ou plusieurs détenteurs de terres, d'avoir établi, par la procédure de l'immatriculation, l'absence de droits opposables à ceux qu'ils invoquent, a pour effet, quels que soient les incidents de ladite procédure, de consolider leurs droits d'usage et de leur conférer les droits de disposition reconnus aux propriétaires par la loi française. »

Cette réforme permet la constatation des droits des indigènes, soit isolés, soit à l'état collectif, et facilite l'acheminement de la propriété foncière indigène vers le régime commun.

II. Régime forestier.

En 1900 et 1901, des décrets analogues ont réglementé la question des forêts dans les différentes colonies de l'Afrique occidentale. En voici les principales dispositions :

1. *Bois domaniaux.* — Aucune exploitation forestière dans les bois du domaine ne peut être entreprise sans une autorisation du gouverneur général ou de son délégué. Ce permis est personnel et délivré pour un temps déterminé et moyennant redevance. Les arbres qui n'ont pas atteint leur complet développement et n'ont que un mètre de tour et au-dessous, mesure prise à un mètre du sol, doivent être respectés.

« Les arbres doivent être abattus rez de terre,

afin de faciliter la régénération des rejets de souche, et les arbres de grandes dimensions, qui dans leur chute pourraient endommager le sous-bois, doivent autant que possible être ébranchés avant l'abatage.

« La récolte des écorces tannifères ou tinctoriales, des gommes, résines, caoutchouc et gutta-percha, doit être faite de manière à ne pas détruire les végétaux producteurs.

« Il est en outre interdit de déboiser ou de défricher les versants des montagnes et coteaux offrant un angle de 3o degrés et au-dessus, ainsi que les terrains désignés par arrêté motivé du gouverneur général.

« Dans les forêts où il existe des essences de grande valeur, l'exploitant est tenu de faire planter chaque année, à ses frais, un nombre de plants de même essence ou d'une essence aussi riche, au moins double de celui des arbres abattus dans le cours de l'année. Les essences précieuses soumises à cette obligation sont spécifiées par arrêté du gouverneur général. L'exploitant est tenu également de planter annuellement un nombre d'arbres ou de lianes à latex qui ne doit pas être inférieur à i5o pieds d'arbres ou 200 pieds de lianes par tonne de caoutchouc ou de gutta-percha récoltée dans l'année.

« L'exploitant doit, en outre, faire tenir par ses chefs de chantier un carnet d'attachement sur lequel doivent être consignés chaque jour : le nombre d'arbres abattus, leur essence avec la désignation de leur nom indigène, leur circonférence à un mètre du sol, leur longueur. De plus, dans chaque factorerie, il doit être tenu, pour les résines, gommes, caoutchouc et autres produits, un registre constatant les opérations faites chaque jour et indiquant les régions de provenance ainsi que le poids et le volume de chacun de ces produits, registre qui doit être communiqué à toute réquisition des représentants de l'administration et visé par eux.

« Les produits forestiers ne peuvent circuler au Sénégal que si les bois sont revêtus de l'empreinte d'un marteau de forme triangulaire portant la marque de l'exploitant, marque qui doit être déposée par celui-ci au greffe du tribunal de première instance (i). »

Toute infraction est punie d'une amende.

2. *Bois particuliers.* — Si les propriétaires de bois peuvent exercer tous les droits inhérents à leur qualité, ils n'en sont pas moins tenus de respecter les dispositions précédentes relatives au déboisement et aux marques. De plus, ils peuvent être obligés, par arrêtés du gouverneur général pris en conseil d'administration, de reboiser leurs terrains à raison de un cinquième de la superficie à reboiser par an.

3. *Droits des indigènes.* — Ceux-ci sont réservés dans les bois et forêts dépendant du domaine non concédés à des particuliers ; les indigènes pourront continuer à y exercer tous les droits d'usage dont ils jouissent actuellement.

(1) Voyez *Le Sénégal* (1907), *op. cit.*, p. 246 et 237.

III. Régime minier.

L'industrie minière en Afrique occidentale a été réglementée par les décrets du 6 juillet 1899 (modifié pour des questions de détail par celui du 19 mars 1905) et du 4 août 1901 (relatif à la recherche et l'exploitation de l'or et des métaux précieux). Ces deux décrets ont été interprétés par la circulaire ministérielle du 1er avril 1902.

Le décret de 1899 divise en trois phases la recherche et l'exploitation des mines : l'exploration, les recherches, l'exploitation. D'où trois sortes de permis à obtenir.

a) Permis d'exploration. — Ce permis est délivré à la suite d'une demande qui doit faire connaître, avec croquis et cartes à l'appui, l'emplacement et l'étendue de la « région sollicitée ». Si la surface dépasse 50,000 hectares, c'est le ministre qui statuera ; sinon c'est le gouverneur de la colonie où l'exploration doit avoir lieu. En principe, il ne sera délivré plusieurs permis d'exploration au même titulaire que si la surface totale ne dépasse pas 50,000 hectares.

b) Permis de recherches. — Ce permis, aux termes de l'article 19 du décret, « donne le droit exclusif de faire des recherches dans l'étendue d'un cercle de cinq kilomètres de rayon au plus, tracé d'un centre qui doit être rattaché à un point géographique défini d'une façon précise, tant dans la demande que dans le croquis qui doit lui être joint. Ce centre devra être signalé matériellement et rester à la surface (1) dès que la demande aura été présentée et après que le permis aura été accordé ».

c) Permis d'exploitation. — L'article 3o dn décret de 1899, qui a trait au permis d'exploitation, est ainsi conçu :

« Le périmètre d'exploitation est obligatoirement constitué par un rectangle dont un côté doit être repéré par rapport à un point connu. »

La circulaire de 1906 précise de la façon suivante :

« Si le permis d'exploitation est demandé à la suite d'un permis de recherches, il y a lieu de recommander aux demandeurs comme point connu le centre du permis de recherches, de façon à éviter toute contestation relative à l'inscription du périmètre d'exploitation dans le périmètre de recherches, soit au sujet de la distance minima qui doit séparer deux périmètres d'exploitation. L'abornage doit être fait dans les six mois, sous peine pour les demandeurs de voir leurs droits contestés par les détenteurs de périmètres voisins. »

Contestations. — Des contestations peuvent se

---

(1) La circulaire du 1er avril 1902 indique les formes de signal pouvant être adoptées. Elle préconise un poteau de bois, une pyramide de pierres, avec inscriptions, etc. Comme ce signal peut être enlevé, elle rappelle l'importance qu'il y a à le rattacher à un point, comme à la case d'un village, au pont d'un cours d'eau, par exemple.

produire au sujet de la priorité de la demande. S'il s'agit d'un permis d'exploration, le gouverneur est le seul juge des motifs qui le portent à l'accorder ou à le refuser. La question ne se pose donc pas et l'antériorité n'existe qu'à dater de la délivrance du permis et non à partir de l'inscription de la demande.

Pour les permis de recherches et d'exploitation, ils « doivent être accordés, sauf opposition des tiers, à la priorité de la demande, d'après la date et l'heure du dépôt ». Si une demande est incomplète et irrecevable, elle sera retournée au demandeur pour être modifiée et complétée, et cette première inscription sera considérée comme nulle, dans lequel cas le droit d'antériorité ne comptera qu'à partir du dépôt de la nouvelle demande.

Droits. — Ces droits varient suivant qu'il s'agit d'un permis d'exploration, d'un permis de recherches ou d'un permis d'exploitation. Pour le premier, ils sont de o fr. o5 par hectare ; pour le second, de o fr. 10 pour les 1,000 premiers hectares et de o fr. 20 pour les hectares en supplément ; pour le troisième, de 2 francs par hectare.

Dispositions spéciales relatives à l'application du décret du 6 juillet 1899 à la Côte-d'Ivoire. — Le décret du 19 mars 1905 ayant égard aux difficultés nombreuses qu'a rencontrées la recherche des mines en Côte-d'Ivoire, difficultés qui ont retardé la mise en valeur de cette colonie, autorise jusqu'au 1er octobre 1908 la délivrance de permis d'exploitation concurremment avec les permis de recherches, « de façon à étendre le champ des investigation de prospecteurs, tout en réduisant les redevances imposées (1) ». De plus, le paragraphe 1er de l'article 27 du décret du 6 juillet 1899, modifié par le décret du 19 mars 1905, ainsi conçu : « Une même personne, ou une même société, ne peut détenir simultanément deux périmètres de recherches dont les centres seraient à une distance moindre que le double de la somme des rayons des périmètres, sans qu'aucun rayon de périmètre puisse être inférieur à cinq cents mètres », est remplacé pour la Côte-d'Ivoire par la disposition suivante : « Une même personne ou une même société pourra détenir simultanément deux ou plusieurs permis de recherches sous la seule condition que la surface totale des périmètres correspondants à ces permis, ajoutée à celle des permis d'exploration qu'elle pourra obtenir par application de l'article 1er ci-dessus, soit inférieure à 50,000 hectares (Art. 2) ». Enfin, l'article 3 du décret du 19 mars 1905 permet de renouveler une seconde fois ces permis de recherches délivrés antérieurement avant le 1er octobre 1904, pour une troisième période de deux ans, à la demande des intéressés, moyennant le paiement préalable d'une somme égale à la taxe afférente à la seconde période de validité.

Recherches et exploration de l'or et des métaux

(1) Voyez Rapport du Ministre des Colonies au Président de la République française, *J. Off.*, 24 mars 1905.

précieux dans le lit des fleuves, rivières et cours d'eau. — Ces recherches sont réglementées par le décret du 4 août 1901 interprété par la circulaire du 1er avril 1902. Ce décret spécifie que les quatre sommets du périmètre doivent être rattachés à des points géographiques expressément définis. Les demandeurs, dans leur permis de dragages, doivent faire connaître les procédés qu'ils comptent employer. La redevance qu'ils auront à payer est de 0 fr. 10 par hectare.

TITRE II

LA MAIN-D'ŒUVRE

En Afrique occidentale, comme partout ailleurs, il ne suffit pas pour produire d'avoir des terrains susceptibles de recevoir des cultures ; il faut encore un nombre de bras suffisant pour mettre en œuvre ces territoires et leur donner une utilité économique.

Nous diviserons en deux parties l'étude de la main-d'œuvre. Dans un premier chapitre, nous verrons quelle est l'aptitude au travail des différentes races indigènes et nous en ferons le dénombrement. Dans un second chapitre, nous étudierons comment se recrute la main-d'œuvre, le mode de travail auquel le noir doit être soumis et les différentes questions relatives au salaire.

CHAPITRE PREMIER

Aptitude au travail des différentes races de l'Afrique occidentale. — Leur dénombrement.

Pour que l'on puisse retirer de l'emploi de la main-d'œuvre indigène tout le profit désirable, deux conditions essentielles doivent se trouver réunies : 1° la volonté de travailler et la capacité suffisante ; 2° la densité de la population.

1. *Volonté et capacité.* — Si l'on se place au point de vue de la volonté de travailler, il existe des différences notables entre les races qui peuplent notre vaste domaine de l'Afrique occidentale. En Sénégambie, certains indigènes, tels que les Ouoloffs et les Toucouleurs, sont de précieux auxiliaires pour l'Européen. Mais à côté de cela nous trouvons, par exemple, la race maure, qui, étant essentiellement nomade, se résoudrait avec peine à se fixer en un lieu déterminé pour y pratiquer une besogne quelconque.

En Guinée et en Côte-d'Ivoire, les indigènes sont très paresseux et s'ils travaillent leurs champs à certains moments de l'année ils le font sans aucun soin, et lorsque leur culture sommaire est terminée ils se reposent sans utiliser leurs loisirs. Il en est de même au Dahomey ; tant que le noir a du travail dans son « glétas », il est actif ; mais dès que sa tâche est finie, son indolence le reprend et il retombe dans son « farniente ». Cette paresse native a été constatée lors de la construction des voies ferrées : l'indigène va au travail comme à une corvée, et dès que la surveillance dont il est l'objet se relâche, il en profite pour se reposer. Il n'a qu'un seul but : toucher son salaire en fournissant le minimum d'effort.

Le noir n'a même pas pour excuse l'incapacité mentale, car celle-ci n'a été rencontrée d'une façon absolue chez aucune race, malgré certaines inégalités ethniques (1).

On peut attribuer cette nonchalance à deux causes : le mépris du travail et l'absence de besoins.

Le mépris du travail puise sa raison d'être dans l'esclavage, qui existe toujours en fait. « En Afrique, même le nègre qu'on affranchit, demande aussitôt qu'on lui donne des esclaves pour travailler à sa place (2) ». La traite négrière a bien disparu, et partout où on la rencontre elle est sévèrement réprimée ; mais s'il n'y a plus de « captifs de traite », qui étaient considérés en

(1) Cependant, il y a lieu de s'inquiéter de la *maladie du sommeil*, qui pourrait compliquer sérieusement la question de la main-d'œuvre. Le noir qui en est atteint est incapable de fournir aucun effort. Nous espérons voir, d'ici peu, la science arriver à vaincre la piqûre de la mouche *tsé-tsé*.

(2) Voyez *Questions diplomatiques et coloniales : La main-d'œuvre aux colonies,* par Augustin Bernard (15 sept. 1900).

quelque sorte comme une marchandise, une monnaie courante, les « captifs de case » sont encore nombreux. Ceux-ci font presque partie de la famille du maître ; ils vivent avec lui, et leur sort est proportionnellement plus enviable que celui de beaucoup de nos domestiques européens (1). En cas d'extrême besoin seulement le maître consent à se séparer de l'un d'eux, et encore ne le cède-t-il qu'à une personne dont il est sûr, de façon à ce que l'esclave vendu ne soit pas maltraité. D'ailleurs, celui-ci a toujours le droit de réclamer sa mise en liberté pour mauvais traitements, insuffisance de nourriture, etc. ; l'administration est seule juge de son cas. Un captif peut aussi se racheter moyennant le prix de deux captifs, payable en argent ou en pièces de guinée (2).

L'esclavage représente encore un quart environ de la totalité des habitants de l'Afrique occidentale française ; et bien que la situation du captif de case ne soit pas mauvaise, il faut souhaiter voir disparaître progressivement cette institution, car son maintien nuit au recrutement de la main-d'œuvre et habitue le noir à la paresse.

L'absence de besoins contribue également à perpétuer l'indolence de l'indigène. Celui-ci, en effet, grâce à la végétation exubérante des tropiques, n'a à fournir qu'un très petit effort pour pourvoir à sa vie.

(1) Les captifs de case s'occupent généralement de la culture des lougans et des travaux domestiques.

(2) La pièce de guinée vaut 6 francs. Il en faut 76 à un captif pour se racheter, ce qui fait une somme égale à environ 400 fr. de notre monnaie. Cela met le prix d'un captif à 200 francs.

Quels sont les remèdes à préconiser pour obvier à cet état de choses ? En Afrique occidentale, la situation ne se présente pas sous le même jour que dans nos colonies où le climat est relativement tempéré. Ici, en effet, la main-d'œuvre blanche peut être importée, tandis que là on se trouve obligé d'employer des bras indigènes, l'ouvrier européen ne pouvant s'acclimater.

Il est donc urgent d'amener les noirs à fournir le nombre de travailleurs nécessaire à nos différentes exploitations et constructions. Et pour y arriver, comme la véritable cause du mal est leur état mental présent, il faut modifier celui-ci sans brusquerie, mais d'une façon progressive, par la création de nouveaux besoins, par des distractions stimulant le goût au labeur, par le paiement de l'impôt en journées de travail. On peut également recourir à l'ascendant des chefs sur leurs subordonnés. Mais, avant tout, il importe de couper le mal par la racine, en s'évertuant à faire disparaître l'esclavage petit à petit. Au bout de quelques années, les races noires comprendront qu'il y va de leur intérêt et qu'elles seront les premières à profiter du développement des ressources économiques de l'Afrique occidentale. Alors elles prêteront de bonne grâce leur concours à l'extension des cultures et à l'exécution des travaux publics.

2. *Densité de la population.* — La seconde condition nécessaire pour tirer parti de la main-d'œuvre indigène est une densité suffisante.

Le dénombrement ci-dessous permettra de se

rendre compte du nombre d'habitants qui peuplent chaque colonie de l'Afrique occidentale française.

Sénégal (1).

Ouolofs	400.000
Mandingues	50.000
Peulhs et Toucouleurs	220.000
Sérères	180.000
Diolas	160.000
Soninkès	20.000
Total	1.030.000

Guinée (2).

RÉGIONS	HOMMES	FEMMES	Enfants	TOTAL	LIBRES	Non-Libres
Région côtière (5 cercles)	92.716	120.677	127.180	340.573	247.757	92 816
Région Foutah (5 cercles)	127 206	150.640	209.008	486.854	331.965	154.889
Region Sabé (6 cercles)	91.287	103.614	120.208	315 109	222 771	92.338
Région Hᵗᵉ-Guinée (3 cercles)	42.127	43.151	57 060	142.338	109.362	32.976
Région Haut-Niger (3 cercles	52.846	63.465	78.306	194 617	172 652	21.965
	406 182	481.547	591.762	1.479 491	1 084.507	394.984

Côte-d'Ivoire (1). Régions où le recensement a pu être effectué :

Cercle de Kong	400.000
— de Bondoukou	82.174
— de l'Indénié	7.008
— d'Assinie	52.627
— de Grand-Bassam	8.317
A reporter	550.126

(1) Recensement du 1ᵉʳ mai 1904.

(2) Voir la circulaire du 30 mars 1905. *Journal officiel de la Guinée française*, 1905, page 178.

(1) Recensement du 1ᵉʳ décembre 1901.

Report	550.126
Cercles des lagunes Potou et Ebrié avec le pays Attié	359.221
Cercle de Lahou	26.385
Région du Baoulé (partie recensée)	142.548
Cercle de Sassandra	16.080
— de Cavally	45.000
Total	1.139.360

Dans les régions encore inoccupées ou inexplorées, l'évaluation a été faite comparativement avec les régions similaires ; elle a donné les résultats suivants :

Partie sud de la région comprise entre le Nzi et le Comoé	10.000
Morenou	5.000
Population non recensée du Baoulé	500.000
Hinterland des cercles de Sassandra et du Cavally	300 000
Total	815.000

Dahomey. Le mouvement de la population n'a pas encore été apprécié exactement. En voici le chiffre approximatif :

Bas-Dahomey	500.000
Haut-Dahomey	1.000.000
Total	1.500 000

Haut-Sénégal et Niger (1).

Cercle de Kayes	69.070
— Médine	5.065
— Bammako	160.878
— Kita	65.865
— Bafoulabé	65.273
— Satadougou	34.194
A reporter	400.345

(1) Recensement de 1905.

	Report	400.345
Cercle de	Ségou....................	168.785
—	Djenné....................	69.635
—	Koutiala....	223.403
—	Koury....................	224.266
—	Bougouni...	101.492
—	Sihasso	164.410
—	Bobo-Dioulasso	230.000
—	Lobi	188.900
—	Ouahigouya	249.742
—	Ouagadouga..............	1.467.082
—	Bandiagara...............	171.119
—	Nioro	114.228
—	Goumbou...	67.950
—	Sokolo.................	34.770
—	Issa-Ber.................	59.597
	Total.:..........	3.935.724

Les races sont ainsi représentées :

Mandés.......{	Bambaras	1.287.038
	Sarracolets.................	414.194
	Khassonkhès...................	73.201
	Dioulas	110.670
Peulhs, Toucouleurs		336.029
Haoussas ....{	Gourmantchés................ ...	15.775
	Baribas .... ,...............	3.807
	Mossis..... :	524.175
Maures . ,........		10.832
Ouolofs.........................		3.272
Indéterminés,............................		1.156 731
	Total........	3.935.724

Ces diverses évaluations portent à un peu plus
de dix millons la population totale de l'Afrique
occidentale française, pour une superficie de cinq
millions de kilomètres carrés.

CHAPITRE II

**Le recrutement de la main-d'œuvre indigène. —
Le salaire.**

Dans ce chapitre, nous poserons les questions
suivantes : La main-d'œuvre se recrute-t-elle facilement en Afrique occidentale ? Quel en est le
mode de recrutement ? Quel est le taux moyen
des salaires et quel est leur mode de paiement ?

1° Le problème du *recrutement de la main-
d'œuvre* est un de ceux dont la solution intéresse
le plus l'avenir agricole de nos colonies. L'Afrique
occidentale, en effet, renferme de nombreuses
richesses dont l'exploitation pourrait donner de
merveilleux résultats. D'autre part, les capitaux,
gênés par la baisse du taux de l'intérêt et la sura-
bondance de l'offre, se dirigent de plus en plus
vers nos entreprises coloniales. Reste à savoir
si, pour mettre en valeur ces richesses et pour
utiliser cet argent, la main-d'œuvre sera suffisante. Le climat tropical s'opposant à l'immigra-
tion de travailleurs européens, il faut uniquement compter sur les bras indigènes. Et l'on

est en droit de se demander si ces bras seront assez nombreux pour assurer l'édification du vaste plan de travaux publics destiné à moderniser notre empire Ouest-Africain.

Entre les différentes colonies placées sous l'autorité du gouvernement général, la densité de la population, comme nous avons pu en juger, est très variable. La Guinée est sans contredit celle qui est la mieux partagée; les ouvriers n'y ont jamais fait défaut ni pour l'agriculture, ni pour les gros travaux. « La valeur actuelle de la Guinée et sa richesse future, fait remarquer M. Frézouls, se trouvent dans la certitude de disposer d'une main-d'œuvre peu active sans doute, mais assez souple pour obéir aujourd'hui, assez intelligente pour prendre demain toutes les initiatives nécessaires (1) ». La condition du Dahomey est également bonne, puisqu'on y compte une moyenne de 12 habitants par kilomètre carré. Au Sénégal, on pourra arriver à recruter un nombre de travailleurs à peu près suffisant ; mais pour les territoires du Haut-Sénégal et du Niger, et surtout pour la Côte-d'Ivoire, la question de la main-d'œuvre se pose d'une façon aiguë.

Quels palliatifs peut-on préconiser contre cet état de choses ? La principale cause du mal semble être l'esclavage. L'administration devra donc de réprimer sévèrement le commerce des esclaves et faire disparaître progressivement la

_____

(1) Voyez *Journal officiel de l'Afrique occidentale française* (1905), p. 519.

captivité de case. L'émigration constitue aussi un obstacle sérieux ; pendant ces dernières années, son mouvement grandissant a attiré l'attention de l'autorité et celle-ci a essayé d'y remédier par les décrets du 17 juin 1895 pour le Sénégal, du 25 octobre 1901 pour la Côte-d'Ivoire et du 14 octobre 1902 pour le Dahomey. L'autorisation du lieutenant-gouverneur sera désormais nécessaire pour toute entreprise d'émigration ; cette autorisation nécessitera de plus l'avis du conseil d'administration de la colonie et sera toujours révocable. En outre, les agences d'émigration pour l'étranger devront déposer un cautionnement.

Enfin, le rôle du gouvernement est également de lutter contre le dépeuplement. Il doit encourager de son mieux la repopulation et prendre des mesures énergiques contre les causes qui pourraient lui nuire, notamment contre l'alcoolisme et les luttes entre peuplades indigènes. En un mot, il devra agir de toutes ses forces et par tous les moyens qui sont en son pouvoir pour assurer et une main-d'œuvre plus abondante et une plus grande facilité de recrutement.

2° Quant au *mode de recrutement de la main-d'œuvre*, deux systèmes sont en présence : on peut obliger le noir à fournir la quantité de travail nécessaire ou bien on peut le laisser libre en s'adressant à son intérêt ou en se servant de l'ascendant moral des chefs de villages. Les grands concessionnaires sont les plus fermes adeptes du premier système, dont l'application leur permettrait de réaliser de brillantes opérations. C'est la thèse de ceux qui admettent que le nègre est un être de race inférieure, presque un animal, et qu'il peut le traiter comme tel. Nous la considérons comme inadmissible, surtout venant de la grande nation humanitaire qu'est la France. Son résultat, d'ailleurs, ne serait que passager : les nègres, ainsi maltraités, se dirigeraient vers les districts les plus reculés de l'intérieur et le mouvement d'émigration s'accentuerait rapidement.

L'autre système, au contraire, est plus digne de nous, plus conforme à nos principes de colonisation, que nous avons puisés dans le droit de l'humanité à la liberté. L'application de ces principes nous force donc à reconnaître avant tout la liberté de l'indigène au travail. Mais rien ne nous empêche d'en appeler à son intérêt (1), car le noir est un homme comme nous, qui ne demande qu'à prouver sa bonne volonté, si toutefois on ne se joue pas de lui en lui remettant des salaires dérisoires. Il a déjà, au point de vue éducation, réalisé de nombreux progrès, et d'ici quelques années il sera à même de se prêter à des travaux moins grossiers que ceux qu'on est actuellement obligé de lui demander. Ainsi, peu à peu, avec de la douceur et de la persuasion, son niveau social s'élèvera et son énergie se développera. Par l'emploi de la rigueur, on n'obtiendrait rien de lui et il finirait par fuir l'Européen comme un être dangereux et malfaisant. L'influence des

____

(1) On peut tirer parti de la passion du nègre pour certains objets, tels que les étoffes aux couleurs voyantes, la verroterie, etc.

chefs indigènes, dans les endroits où ils sont encore considérés, peut nous être très utile. L'autorité locale devra donc s'efforcer de s'attacher les hautes personnalités des villages noirs, sinon elle aurait beaucoup à y perdre et rien à y gagner (1).

Mais si l'on doit montrer beaucoup de bienveillance envers l'indigène, on est en droit d'exiger de lui qu'il reste fidèle à ses engagements ; sans cela le colon jouerait un rôle de dupe. De la bonté, mais pas de fausse sentimentalité, telle est la règle qu'il faut appliquer en matière de contrat de travail entre Européen et noir. On édictera contre celui-ci des pénalités sévères, lorsque, sans motif plausible, il dégagera sa parole. Seulement le contrat ne devra pas être de trop longue durée, car alors ce serait plutôt un servage qu'un engagement.

Enfin, on recrutera de préférence la main-d'œuvre sur place. Si cela n'est pas possible, on empruntera à une colonie voisine le nombre de bras qui feront défaut et on ne se servira de travailleurs étrangers qu'en cas de nécessité absolue.

3° Quel est le taux moyen des salaires et quel est leur mode de paiement ? Le salaire payé à l'indigène doit être proportionné à l'importance du travail effectué. Il varie de région à région, suivant les habitudes et la plus ou moins grande chèreté

(1) En traitant avec les chefs de village, l'administration a pu se procurer, en 1896 et 1897, 45,000 indigènes pour fournir la somme de travail nécessaire au transport du personnel et du matériel de la mission Marchand.

de la vie. Au Sénégal, un ouvrier agricole est nourri, et payé environ 2 francs par jour. Celui employé dans l'industrie touche de 1 fr. 50 à 5 francs, suivant qu'il est maître ouvrier ou manœuvre (1). En Guinée, le salaire est de 1 franc à 1 fr. 25, plus la ration qui se compose de 750 grammes de riz : mais certains ouvriers, les maçons par exemple, gagnent jusqu'à 5 et 6 fr. (2). A la Côte-d'Ivoire, un manœuvre est payé de 1 franc à 2 francs, et un ouvrier de 5 à 6 francs. Le nombre de bras disponibles étant restreint dans cette colonie, les commerçants sont obligés d'en emprunter en Sierra-Leone, au Liberia et à la Côte-de-l'Or (3). C'est au Dahomey que la main-d'œuvre est le meilleur marché : un travailleur ordinaire n'ayant pas de spécialité touche de 0 fr. 75 à 1 fr. 25 (4).

Le mode de paiement du salaire peut être envisagé sous deux aspects : par rapport à l'objet et par rapport à la personne. En d'autres termes, nous poserons cette double question : Le salaire est-il payé en argent ou en nature ? Est-il remis directement à l'ouvrier ?

Il y a quelques années seulement, le troc était d'une pratique courante dans toute l'Afrique occi-

---

(1) Voyez le Rapport sur le Sénégal, par M. Teisseire, à l'occasion de l'Exposition coloniale de Marseille (1906) : *Les colonies françaises au début du XXe siècle*, tome II.

(2) Voyez le Rapport sur la Guinée, par M. Rampal, à l'occasion de l'Exposition de Marseille (1906). *Op. cit.*

(3) Voyez le Rapport sur la Côte-d'Ivoire, par M. Gasquet, à l'occasion de l'Exposition coloniale de Marseille (1906). *Op. cit.*

(4) Voyez l'ouvrage sur le Dahomey, publié par le gouvernement général de l'Afrique occidentale française (1906).

dentale, car les étoffes d'importation aux couleurs voyantes, la verroterie parlaient davantage que la monnaie aux yeux du noir. Il était encouragé par bon nombre de commerçants, qui réalisaient ainsi des bénéfices à la fois sur les produits d'exportation que leur apportaient les indigènes, et sur les produits d'importation qu'ils vendaient à ces derniers un prix plus élevé qu'eux-mêmes ne les avaient achetés. Aussi tentèrent-ils de réagir contre les efforts faits par le gouvernement général pour la suppression de ces procédés d'un autre âge. Mais quelques négociants éclairés, soucieux de leurs intérêts futurs en même temps que de ceux de nos colonies, favorisèrent de tout leur pouvoir cette réaction progressive contre le troc, comprenant que si momentanément ils pouvaient avoir à en souffrir, l'introduction de plus en plus grande de la monnaie était un des moyens les plus puissants pour activer la circulation des produits (1). Aujourd'hui le noir, sauf dans quelques cercles de l'intérieur, est familiarisé avec le système d'échange moderne, comprenant qu'avec lui il pourra satisfaire tous ses besoins. Mais il montre certaines préférences dans le choix de la monnaie : il trouve que les pièces d'or ont une valeur trop considérable sous un trop petit volume et aime mieux celles d'argent (2).

A quelle personne le salaire doit-il être remis ?

(1) Voyez *Revue coloniale*, mars 1907. « Circulation monétaire en Afrique occidentale », par Emile Baillaud.

(2) Comme monnaie divisionnaire, les noirs se servent entre eux des « cauris », sorte de petits coquillages dont la valeur varie de 4 à 15 pour un centime.

Il faut distinguer de quelle façon le contrat de travail a été passé. Si l'engagement a été pris directement avec le noir il va sans dire que c'est à lui qu'on doit payer le prix convenu. Si au contraire, comme cela arrive souvent, l'entrepreneur ou l'administration a traité à forfait avec un chef indigène, la question est plus délicate. Toutefois il semble que la meilleure solution soit de remettre encore directement le salaire au travailleur, car trop souvent les chefs abusent de la crédulité de leurs subordonnés et ne leur donnent qu'une quote-part minime de la somme qui leur est due. Il est préférable d'allouer à celui qui a procuré la main-d'œuvre une prime à titre d'encouragement, plutôt que de s'en remettre à lui pour une répartition de salaires qui, à bon escient ou non, pourrait fort bien être inexacte et injuste.

TITRE III

LE CRÉDIT

Le troisième élément nécessaire à la mise en valeur de nos colonies de l'Afrique occidentale est le capital. En effet, pour se procurer les bras et les instruments indispensables à l'utilisation d'un territoire, il faut avant tout trouver de l'argent. Cela s'applique à toute entreprise, publique ou privée, et, à plus forte raison, à nos entreprises de l'Afrique occidentale où le problème de la main d'œuvre a une importance vitale. Mais les capitaux métropolitains consentiront-ils à émigrer vers nos colonies ? Les traits caractéristiques du petit rentier français sont la prudence et l'économie. Il aime ce qu'on appelle les « placements de père de famille ». Il achète des valeurs qui, si elles ne rapportent qu'un intérêt minime, sont sûres. Seulement, la baisse du taux de l'intérêt étant « progressive et constante » en raison de l'abondance de l'offre, il voit sa situation financière devenir de jour en jour plus critique.

« Cet homme, qui, vers la fin de sa vie, s'est retiré des affaires avec une fortune modeste, mais qu'il croyait solidement assise, voit ses revenus décroître sans que son capital diminue; ce qui lui permettait autrefois de vivre dans une large aisance suffit à peine maintenant à subvenir à ses besoins. Sa condition, qui était jadis l'idéal rêvé par la grande majorité des Français, devient de moins en moins séduisante. Il est réduit bien souvent, pour vivre, à renoncer aux « placements de tout repos » procurés jadis par la rente française ou les valeurs des grandes compagnies de chemins de fer, qui ne lui offrent plus aujourd'hui un intérêt suffisant, et il est poussé par l'accroissement parallèle du prix de la vie matérielle à rechercher des placements plus rémunérateurs, quoique d'une sécurité moins grande (1). » Cette baisse du taux de l'intérêt explique le subit engouement qui se manifeste depuis ces dernières années sur la place de Paris en faveur des valeurs industrielles. Il semble donc que le moment est venu, pour les entreprises coloniales, d'être accueillies avec succès sur les marchés français. D'ailleurs l'emprunt de 1903, émis par l'Afrique occidentale, avec la métropole comme caution, a été d'un placement facile, et les événements ont donné raison à la confiance des rentiers. Et

(1) Voyez *L'avenir colonial de la France*, par E. Fallot, pages 61 et 62.

tout porte à croire que celui de 1907 ne rencontrera aucune difficulté dans un pays où l'épargne s'accentue chaque année (1), et où, par conséquent, les capitaux deviennent de plus en plus abondants.

Si le devoir du gouvernement est de favoriser l'émission des emprunts coloniaux, il a aussi un autre rôle : celui d'encourager les établissements de crédit qui permettent le placement facile de l'épargne française dans nos bonnes entreprises coloniales. Au point de vue agricole, l'utilité de ceux-ci est incontestable, car on peut affirmer « que toute entreprise aux colonies françaises, qui ne s'appuie pas sur un capital proportionné à sa nature et à l'importance qu'on veut lui donner, est fatalement condamnée à échouer (2) ». Et comme le colon a rarement sous la main la somme qui lui serait nécessaire, on conçoit combien il apprécie un intermédiaire entre le travail et le capital.

Tant au point de vue du crédit public que du crédit privé, l'Afrique occidentale a déjà fait ses preuves. L'emprunt émis en 1903 sous la garantie de l'Etat a tellement bien prouvé la confiance que l'on pouvait avoir en l'emprunteur, que le Parlement n'a pas hésité cette année même à autoriser dans les mêmes conditions une nouvelle émission de 100 millions. D'autre part, la Banque de l'Afrique occidentale française rend et est appelée à

---

(1) M. Paul Leroy-Beaulieu estime à deux millions l'épargne annuelle de la France.

(2) Voyez E. Fallot, *op. cit.*, p. 61.

rendre de nombreux services dans notre Ouest-Africain.

Dans les deux chapitre qui vont suivre, nous étudierons :

CHAPITRE PREMIER. — *Les emprunts de 1903 et de 1907.*

CHAPITRE II. — *La Banque de l'Afrique occidentale française.*

·CHAPITRE PREMIER

Les emprunts de 1903 et de 1907.

Pour mettre à exécution sa politique de développement économique et pour arriver à effectuér
les grands travaux projetés, il était nécessaire que
le gouvernement général de l'Afrique occidentale
française se procurât de l'argent et que, pour en
trouver, il recourût à l'appui de la République.
Il importait, en effet, de doter nos colonies d'un
outillage suffisant, de procéder à leur assainissement, à l'aménagement des ports, d'achever les
voies ferrées commencées et d'en construire de
nouvelles : en un mot, il fallait les mettre à même
d'utiliser leurs ressources.

Au début de 1903, la situation de notre Afrique
occidentale était loin d'être brillante: M. Lucien
Hubert la dépeint ainsi : « Cette masse compacte,
inerte depuis des siècles, s'éveillait lentement et
comme à regret à la civilisation ; elle cherchait sa
voie en hésitant ; tantôt elle accueillait le progrès,
tantôt elle le repoussait, attirant un jour la colonisation par le spectacle de ses richesses naturelles
et de ses populations dociles, pour l'épouvanter
ensuite par les traces récentes de guerres san-

glantes et par l'affreuse menace d'épidémies cruellement meurtrières, dont les germes prospéraient dans ce climat lourd et humide.

« Certes, à ce moment, la colonie eut l'incontestable mérite d'avoir conscience de ses destinées en assumant les responsabilités d'un emprunt de 65 millions, qui devait lui permettre d'amorcer son outillage. Mais on ne saurait oublier que la France républicaine est venue généreusement en aide à l'Afrique occidentale française en donnant l'appui de son crédit à une entreprise lointaine, peu populaire, difficilement contrôlable, non dépourvues de risques et certainement audacieuse (1) ».

La loi du 5 juillet 1903 autorisa le gouverneur général à contracter un emprunt de 65 millions. Et, en garantissant cet emprunt, le Parlement a bien placé sa confiance. « Les résultats obtenus permettent aujourd'hui d'apprécier ce que vaut la personne de l'emprunteur et quel fond on peut faire sur lui ».

Les 65 millions de ce premier emprunt devaient être ainsi répartis :

1° Travaux d'assainissement	5.450.000 fr.
2° Travaux d'aménagement des ports	12.600 000 fr.
3° Travaux d'ouverture de voies de pénétration :	
a) Etudes du chemin de fer reliant la ligne de Kayes au Niger à la ligne Dakar–Saint–Louis, et amélioration des fleuves Sénégal et Niger ..	5.500.000 fr.
A reporter	23 550.000 fr.

(1) Voyez le rapport de M. L. Hubert à la Chambre des députés. (*Annexe* au procès–verbal de la deuxième séance du 22 novembre 1906), page 4.

Report	23.550.000 fr.
b) Chemin de fer de la Guinée.............	17.000.000 fr.
c) Chemin de fer et ports de la Côte-d'Ivoire.	10.000.000 fr.
4° Capital restant à rembourser sur les emprunts de 8 millions de francs et de 4 millions de francs contractés par la colonie de la Guinée, en 1899 et 1901, pour la construction d'un chemin de fer, y compris les indemnités dues pour remboursement anticipé	11.648.053 fr.
5° Capital à rembourser sur l'emprunt de 5 millions de francs contracté, en 1892, par la colonie du Sénégal, y compris l'indemnité de remboursement anticipé .:...................	2.654.662 fr.
A valoir et divers	147.285 fr.
Total	65.000.000 fr.

L'emprunt ne pouvait être émis à un taux supérieur à 3 fr. 5o o/o et devait être remboursé dans un délai maximum de 5o ans.

Cet argent a été employé d'une façon fructueuse pour l'Afrique occidentale. Des réseaux d'égouts ont été créés à Saint-Louis, Dakar et Rufisque, et les marigots de la banlieue ont été comblés. Dakar a été doté d'un port de commerce : on a dû livrer, fin 1906, 1,000 mètres de quais, et les travaux seront terminés dans les derniers mois de 1907. La construction du chemin de fer de Guinée a été considérablement avancée : au commencement de 1906 la ligne traversait le pont de Kolente (200 kilomètres), et dans le courant de 1907 elle aura dépassé le col de Koumi. Le chemin de fer de la Côte-d'Ivoire a atteint, dès 1905, le kilomètre 80 (Ery-Macougnée).

En outre, le décret du 21 avril 1905 a permis au gouverneur général d'emprunter, par l'émission de bons du Trésor, remboursables en cinq ans, la somme de 12 millions. Cette somme était destinée au remboursement des dépenses de la « Compagnie des chemins de fer au Dahomey » (non compris l'emprunt général antérieur), et à la continuation des travaux de la ligne.

L'emploi scrupuleux des sommes provenant de l'emprunt, l'absence d'imprévu, tenant à l'étude minutieuse des projets, et qui a permis l'exécution rigoureuse du programme établi, ont donné confiance au gouvernement français. Aussi, celui-ci n'a-t-il pas hésité à présenter à l'approbation du Parlement un projet de loi tendant à autoriser le gouvernement général de l'Afrique occidentale afin qu'il puisse parfaire l'œuvre si heureusement commencée, à contracter un nouvel emprunt de 100 millions (1).

Celui-ci fut voté sans discussion par la Chambre des députés et le Sénat, les rapports de MM. Lucien Hubert et Saint-Germain entendus, et ces votes furent suivis de la loi du 22 janvier 1907 (2).

L'article 1ᵉʳ de cette loi répartit ainsi l'argent de l'emprunt :

I. *Chemins de fer de pénétration.*
  a) Chemin de fer de la Guinée............. fr.   30.000.000
  b) Chemin de fer de la Côte-d'Ivoire..........   23.000.000
  c) Chemin de fer du Dahomey...............   13 000.000
  d) Chemin de fer reliant le Kayes–Niger au littoral (de Kayes à Ambidedi, 42 kilomètres)..   13 500 000
  A reporter ...... fr.   78.500.000

(1) Dans les séances des 8 et 9 mai 1906, le Conseil du gouvernement de l'Afrique occidentale avait, à l'unanimité, donné son adhésion à ce projet.

(2) Voyez le projet de loi autorisant le gouvernement général de l'Afrique occidentale française à contracter un emprunt de

Report ...... fr.	78.500.000
II. *Aménagement des ports et des voies navigables.*		
a) Port de Dakar :		
1° Adduction d'eau..................... fr.	2.000.000
2° Assainissement........................	1.500.000
3° Mouillage pour les opérations de charbonnage des navires.......................	1.000.000
4° Eclairage des abords	250.000
b) Amélioration du réseau navigable des bassins du Sénégal et du Niger et travaux préparatoires à la fixation de la barre du Sénégal ..	2 000 000
c) Port de la Côte-d'Ivoire	3.000.000
d) Outillage de dragage et balisage	800.000
e) Installation de pêcheries à la baie du Lévrier.	500.000
Total........ fr.	11.050.000
III. *Assistance médicale* .... fr.	3.000.000
IV. *Constructions militaires*	5.000.000
V. *Signes télégraphiques*	2.000.000
VI. *A valoir*	450.000
Total général. .... fr.	100.000.000

« Tous les matériaux à employer pour l'exécution des travaux, ainsi que le matériel nécessaire à l'exploitation des ligne projetées, qui ne se trouveront pas dans le pays, devront être d'origine française et être transportées sous pavillon français ».

Le nouvel emprunt ne pourra être émis à un taux d'intérêt supérieur à « trois francs cinquante pour cent ». La garantie de l'Etat (1) lui est accor-

100 millions (Chambre des députés, annexe au procès-verbal de la 2° séance du 11 janvier 1907) et *Journal Officiel,* 24 janvier 1907, pages 522 et 523.

(1) « Le gouvernement général de l'Afrique occidentale française restera débiteur envers l'Etat des sommes que celui-ci aurait éventuellement à verser au titre de la garantie.

« Le remboursement de ces avances, qui ne serait par productives d'intérêt, constituera une dépense qui sera obligatoirement inscrite au budget général de l'Afrique occidentale française.

« Les excédents des exercices ultérieurs seront affectées pour une moitié au moins au remboursement. »

dée comme pour celui de 1903. Il est remboursable en 5o ans au plus.

Enfin, « la réalisation de chacune des différentes
parties de l'emprunt à contracter, dont les conditions sont soumises à l'approbation du ministre
des Colonies et des Finances, sera autorisée par
décret rendu sur la proposition des mêmes ministres : le rapport à l'appui fera connaître l'emploi
des fonds antérieurs, le nom des parties prenantes
des frais de publicité, l'avancement des travaux,
les dépenses restant à effectuer ; il sera publié au
Journal Officiel (art. 2) »

En vertu de cette disposition, le décret du 3o
janvier 1907 (1), après rapport du ministre des
Colonies, autorise le gouvernement général de
l'Afrique occidentale française à réaliser, par voie
d'emprunt, une somme de 4o millions de francs, à
valoir sur la somme de 100 millions prévue par la
loi du 22 janvier 1907.

L'emprunt de 1907 est donc destiné à développer l'outillage économique de l'Afrique occidentale
et à faire quelques réformes d'hygiène coloniale
reconnues nécessaires.

Alors qu'au 1er janvier 1906 le réseau des
voies ferrées n'était que de 1,173 kilomètres (2),
lorsque les nouveaux travaux seront exécutés,
il sera porté à 2.150, non compris la ligne du
Baol (Thiès-N'Gahaye). De plus, le crédit affecté

(1) Voyez *Journal Officiel*, 1er février 1907, p. 217.
(2) Le réseau se décompose ainsi : ·
   Ligne de Dakar à Saint-Louis... 265 kilomètres
   Ligne de Kayes au Niger........ 555   —
   Ligne de la Guinée.............. 153   —
   Ligne du Dahomey.............. 200   —

aux travaux d'aménagement des ports et des voies fluviales permettra d'accroître l'importance du port de Dakar, de faire communiquer directement avec la mer au moyen d'un chenal l'aboutissement des chemins de fer de la Côte-d'Ivoire sur la lagune à Abidjean, et de commencer à mettre en valeur les parages de pêche mauritaniens. Notons également que 3 millions sont prévus pour la construction d'hôpitaux à Dakar et à Bammako ; 5 millions, pour créer des casernements militaires répondant aux exigences de l'hygiène tropicale ; et 2 millions, pour la ligne télégraphique Tombouctou-Bourem-Niamey-Zinder.

L'ouverture des travaux nécessite un décret pris sur la proposition du gouverneur général et après un rapport du ministre des Colonies et l'avis du ministre des Finances (1).

Ainsi, l'Afrique occidentale française, placée sous l'égide du gouvernement de la République, n'a qu'à continer sa lutte pour la civilisation et le progrès. Les travaux prévus par la loi du 22 janvier 1907 seront vraisemblement achevés vers 1911 ou 1912. « Si pendant ce temps les sages et économiques méthodes d'administration, actuel-

(1) Ce rapport devra établir :

1o Que les projets définitifs des travaux à entreprendre et les projets de contrat relatifs à leur exécution ont été approuvés par le ministre ;

2o Que l'évaluation des dépenses de nouveaux ouvrages à entreprendre, augmentée de l'évaluation rectifiée des ouvrages déjà exécutés ou en cours d'exécution, ne dépasse pas l'ensemble des allocations prévues par la présente loi ;

3o Que le service des emprunts déjà contractés ou à contracter pour couvrir l'ensemble des susdites dépenses est assuré par les ressources disponibles.

Il sera publié au *Journal officiel* en même temps que le décret autorisant l'ouverture des travaux.

lement pratiquées dans la colonie, continuent à être suivies, les charges fiscales n'auront pas besoin d'être augmentées. et le mouvement général des affaires, dont on peut escompter la progression régulière, suffira à alimenter les budgets... Il est possible que l'achèvement des travaux soit suivi d'une crise passagère ; il y aura peut-être même à ce moment un arrêt, voire un recul dans le développement du groupe. Mais si l'on considère que les différents ouvrages à entreprendre sont tous d'un rendement certain, qu'ils seront livrés par tronçons au fur et à mesure de leur achèvement et que jusqu'ici les sections en exploitation ont couvert et au delà leurs frais, il n'est pas probable que cette crise soit extrêmement redoutable (1). »

(1) Lucien Hubert. Rapport précité, p. 57.

CHAPITRE II

La Banque de l'Afrique occidentale française.

La Banque de l'Afrique occidentale française, dont le siège social est à Paris, 78, rue de Provence, est le seul établissement de crédit de notre Ouest-Africain.

Elle puise ses origines dans la « Banque du Sénégal », fondée en 1853, au capital de 230,000 fr., capital qui fut plus tard porté à 600,000 fr. Mais par suite de l'extension du mouvement d'affaires et de la création du gouvernement général, il devenait urgent de donner plus de développement à cette institution. C'est pourquoi le décret du 29 juin 1901 privilégia la banque pour une durée de vingt ans (1), et remplaça le titre de « Banque du Sénégal » par celui plus général de « Banque de l'Afrique occidentale française (2) ».

---

(1) Toutefois, un décret, pris sur la proposition des ministres des Colonies, des Finances et des Affaires étrangères, pourra faire cesser le privilège à la date du 31 décembre 1912.

(2) L'assemblée générale extraordinaire du 20 septembre 1906 a décidé de remplacer la dénomination de « Banque de l'Afrique occidentale » par celle de « Banque de l'Afrique occidentale et orientale » et de substituer celle-ci à la première partout où besoin sera. En outre, la Banque pourra désormais

Son principal établissement est à Dakar ; mais elle a des succursales ou des agences à Saint-Louis, à Rufisque, à Conakry, à Porto-Novo, à Grand-Bassam (1).

Ces succursales sont créées en vertu de décrets rendus sur la proposition des ministres des Colonies et des Finances, la commission de surveillance des banques coloniales entendue. La même formalité est nécessaire pour leur suppression.

Le capital social de la banque, primitivement fixé à 1,500,000 francs, a été porté, par le décret du 4 juin 1904, à 5,895,000 francs, divisé en 11,790 actions de 500 francs chacune, dont 70 entièrement libérées, et 11,720 libérées de 125 francs seulement. La libération du surplus se fera aux dates fixées par le conseil d'administration ; ce dernier indiquera la somme à verser à chaque échéance (art. 5).

La Banque de l'Afrique occidentale est une banque d'émission, de prêt et d'escompte. Elle émet des billets de 1,000, 500, 100, 50 francs. Avec l'autorisation des ministres des Colonies et des Finances elle peut aussi émettre des billets de 25 et de 5 francs. Le montant des billets en circulation dans chaque succursale ne doit pas dépasser le triple de son encaisse métallique, dans

établir des succursales et agences dans les colonies, pays de protectorat, îles et territoires français et étrangers faisant partie ou dépendant géographiquement de l'Afrique occidentale et orientale.

(1) La succursale de Grand-Bassam a été récemment créée, par le décret du 13 janvier 1906. Celui du 24 avril 1906 a autorisé la fermeture de l'agence de Monrovia, qui entraînait de nombreux frais sans aucune compensation.

laquelle est comprise celle des agences rattachées, et le montant cumulé des billets en circulation, des comptes-courants et des dettes de la banque, ne peut excéder le triple de son capital social et des réserves.

Le décret du 4 juin 1904 (1), qui modifie les statuts de la banque, énumère dans son article 16 les différentes opérations qu'elle peut faire.

« Les opérations de la banque doivent avoir pour objet les opérations financières se rattachant aux pays dans lesquels elle possède des établissements. Elles consistent dans ces pays :

« 1° A émettre des billets à vue et au porteur dans les conditions déterminées par le décret constitutif de la banque ;

« 2° A escompter en billets à ordre ou effets de place « *à deux ou plusieurs signatures notoirement solvables* », et dont l'échéance ne doit pas dépasser cent quatre-vingts jours ; à consentir, dans les mêmes conditions, des avances en compte-courant, sans que la durée de ces prêts puisse excéder six mois ;

« 3° A créer, à négocier, à escompter ou acheter des traites, mandats ou chèques directs et à ordre sur la colonie, la métropole ou l'étranger.

« L'échéance de ces traites ou mandats ne devra pas dépasser cent quatre-vingts jours ;

« 4° A escompter des opérations négociables ou non négociables garanties :

« *a*) Par des warrants ou des récépissés de mar-

---

(1) Voyez *Bulletin des lois 1904*. T. II, pages 1657 et suivantes.

chandises déposées soit dans les magasins publics, soit dans les magasins particuliers dont les clefs auront été régulièrement remises à la banque, soit dans les magasins appartenant à la banque ou loués par elle ;

« *b*) Par des cessions de récoltes pendantes ;

« *c*) Par des connaissements à ordre et régulièrement endossés et accompagnés des documents d'assurance d'usage ; à l'arrivée du navire, les connaissements pourront être convertis en warrants ou récépissés de tout ou partie des cargaisons, sous les conditions de dépôt ci-dessus stipulées ;

« *d*) Par des nantissements réguliers consistant en valeurs françaises sur lesquelles la Banque de France fait des avances, ou en valeurs créées ou garanties par le gouvernement ou les municipalités des pays dans lesquels les succursales ou les agences sont établies, ou en actions de la Banque ;

« *e*) Par des dépôts de lingots, de monnaies ou de matières d'or, d'argent ou de cuivre, ou de pierres précieuses ;

« *f*) Par des hypothèques maritimes constituées sur des navires français ou francisés dans les pays où sera mise en vigueur la législation française sur l'hypothèque maritime ;

« 5° A accepter et à vendre des matières d'or, d'argent ou de cuivre ;

« 6° A consentir des avances sur lingots, monnaies, matières d'or, d'argent ou de cuivre, ou pierres précieuses ;

« 7° A recevoir le dépôt volontaire de toutes sommes ou comptes-courants avec ou sans intérêts, de tous titres, monnaies et matières d'or, d'argent ou de cuivre.

« Les opérations consistent aussi à Paris et dans les succursales et agences :

« 8° A se charger, pour le compte des particuliers ou pour celui des établissements publics, de l'encaissement et du recouvrement des effets qui lui sont remis et à payer tous mandats et assignations ;

« 9° A recevoir, avec l'autorisation du ministre ou des gouverneurs des colonies, les produits des émissions et des souscriptions publiques ouvertes soit dans les colonies, soit dans la métropole ;

« 10° A émettre des billets à ordre, traites ou mandats ;

« 11° A délivrer contre garanties des lettres de crédit ;

« 12° A faire escompter en France ou à l'étranger, pour son compte, des traites ou mandats à deux signatures commerciales, ou garanties par des connaissements à ordre dûment endossés et accompagnés des documents d'assurance d'usage ;

« 13° A faire acheter des matières d'or, d'argent ou de cuivre.

« En outre, la Banque peut participer aux emprunts d'Etat émis dans tous les pays où elle possède des établissements, sans toutefois que le montant total de ces participations puisse, sauf autorisation spéciale du ministre des Colonies et après avis conforme du ministre des Affaires étrangères lorsqu'il s'agit d'emprunts émis par un gouvernement étranger, dépasser la moitié des réserves.

« Elle peut également, dans les mêmes conditions et dans les mêmes limites, participer à la création ou à la constitution d'entreprises financières, industrielles ou commerciales ayant leur objet dans les pays où elle possède des établissements. »

« La Banque peut également traiter pour le compte de tiers et les représenter. »

La Banque de l'Afrique occidentale est administrée par un conseil d'administration composé de cinq membres au moins et de huit membres au plus. Les administrateurs doivent nécessairement être Français. Ils sont nommés par l'assemblée générale des actionnaires pour une durée de cinq années et sont rééligibles. Chaque administrateur doit justifier qu'il est propriétaire de vingt actions, lesquelles doivent demeurer libres et inaliénables pendant la durée de ses fonctions. Des directeurs sont nommés par le conseil d'administration, avec l'agrément du ministre des Colonies. « Ils sont chargés de la gestion des affaires sociales et de représenter la société à l'égard des tiers pour l'exécution des décisions du conseil ».

Auprès de chaque succursale il y a un conseil d'escompte : sa composition, ses attributions et ses émoluments sont déterminés par le conseil d'administration.

Le conseil d'administration est assisté d'un commissaire du gouvernement nommé par le ministre des Colonies. Celui-ci assiste à chaque séance du conseil et à l'assemblée générale des actionnaires. Son rôle est de veiller à l'exécution des statuts et règlements de la Banque ; « il se fait présenter l'état de caisse, les registres et les portefeuilles, il requiert tous les extraits et copies des livres de la banque. Il propose toutes les mesures qu'il croit utiles et peut faire inscrire de droit ses propositions et observations sur le registre des délibérations du conseil d'administration. Chaque mois il adresse au ministre un rapport sur la marche de la banque, appuyée de la copie certifiée des procès-verbaux du conseil d'administration et des situations mensuelles de la banque et de chacune de ses succursales » (1).

Lorsque le commissaire du gouvernement ne peut assister à une séance, un suppléant, nommé par le ministre, le remplace. Ce dernier peut également nommer auprès de chaque succursale un censeur administratif.

Voici quels sont les bénéfices nets réalisés par la banque depuis 1899-1900 à 1905-1906 inclus :

	EXERCICES (1ᵉʳ juillet au 30 juin)	BÉNÉFICES NETS
		fr. c.
Banque du Sénégal.	1899–1900.	145.759 84
	1900–1901........	141.870 33
	1901–1902..	147.397 86
Banque de l'Afrique	1902–1903.	284.043 80
occidentale.......	1903–1904	295 384 54
	1904–1905.......	134.707 89
	1905–1906.......	220.224 99

On constate une progression jusqu'à l'exercice 1904-1905, mais pour celui-ci il y a une différence en moins de 160,676 fr. 65 qui provient :

(1) Voyez l'ouvrage publié par le gouvernement général de l'Afrique occidentale française sur le Dahomey. 1906, p. 245.

1° De la différence sur la rentrée des effets en souffrance (bénéfice d'ailleurs accidentel), qui était l'année dernière de..........................Fr. 128.506 99

Cette année, de................................. 13.420 »

Soit une diminution de.................. 115.086 99

2° Des frais occasionnés par l'agence de Monrovia... 22.196 71

3° De la diminution des bénéfices provenant des mauvaises récoltes au Sénégal et au Dahomey (1). 23.392 95

Somme égale......Fr. 160.676 65

Quant aux bénéfices du dernier exercice, ils sont en augmentation de 85,517 fr. 10 sur ceux du précédent.

Si le mouvement des principales opérations de la banque a une tendance à devenir de plus en plus important, celui des opérations d'escompte des effets de place en Afrique est en diminution. Le rapport du conseil d'administration du 4 octobre 1906 en fournit la raison. « Les maisons de gros ayant l'habitude d'être en comptes courants avec leurs clients et de ne régler leurs fournitures qu'en fin de traite, le papier commercial est encore très rare... Tous nos efforts tendent à essayer d'obtenir du commerce qu'il vende à ses clients contre règlements en traites à échéances plus ou moins longues, mais jusqu'à présent il nous a été très difficile de remonter le courant. Nous espérons y arriver, car, en procédant comme il le fait actuellement, le commerce du gros est obligé de faire des crédits très importants qu'il n'arrive à récupérer souvent qu'après des délais très éloi-

(1) Voyez procès-verbaux et rapports du conseil d'administration de la Banque de l'Afrique occidentale (1905), p. 7 et 8.

MOUVEMENT GÉNÉRAL DES OPÉRATIONS DE LA BANQUE DE L'AFRIQUE OCCIDENTALE FRANÇAISE

pendant les exercices 1904-1905 et 1905-1906.

OPÉRATIONS	Exercices	Succursales et agences du Sénégal		Succursale de Conakry		Agence de Monrovia		Succursale de Grand-Bassam		Succursale de Porto-Novo		Totaux	
		fr.	c.	fr.	c.	fr.	c.	fr.	c.	fr.	c.	fr.	c.
Avances diverses........	1904-1905	322 109	»	322.660	»	»	»	»	»	»	»	654.769	»
	1905-1906	161 383	»	284.762	60	392	50	11.440	»	4 500	»	462.478	10
Escomptes locaux et effets à l'encaissement........	1904-1905	724.551	09	537.829	53	1.796	90	»	»	74.941	28	1.339.118	80
	1905-1906	632.754	59	420.864	99	68.706	95	50.118	03	82 501	05	1.254.945	61
Remises sur l'Europe....	1904-1905	3.622.700	»	3.283.735	»	»	»	»	»	1.138.096	79	8.044.531	79
	1905-1906	8.306.100	»	5.000.000	»	»	»	134.388	55	718.807	84	14.159.296	39
Tirages sur l'Europe.....	1904-1905	8.808.364	07	1.702.061	62	19.935	06	»	»	654.157	94	11.184.518	69
	1905-1906	10.581 855	91	2 901 572	»	80.440	45	73.795	67	876.100	19	14.513.784	22
Virements d'Europe......	1904-1905	802.596	75	417 800	»	»	»	»	»	362.953	25	1.583.350	»
	1905-1906	1.002.794	27	406.733	»	»	»	75.854	85	190.511	»	1.675.893	»
Total pour	1904-1905	14.280 320	91	6.274.086	15	21.731	96	»	»	2.230.149	26	22.806.288	28
Total pour	1905-1906	20.684.887	77	9.013.932	59	149.539	90	345.597	10	1.872.420	08	32.066.377	44

gnés, ce qui lui occasionne de grosses immobilisations et, partant, des pertes qu'il arriverait à éviter en procédant normalement, comme cela se pratique partout (1) ».

En ce qui concerne le change, il y a une période où il est très actif et une période où il se ralentit beaucoup.

« Pendant la saison active, la banque émet des traites sur l'Europe pour faire régler aux producteurs les arachides qu'ils ont exportées. Pendant la morte saison de l'hivernage, elle tire des mandats sur l'Europe pour payer aux expéditeurs les marchandises qu'ils ont importées au Sénégal (2) ».

Les chiffres ci-dessous établissent le bilan de la Banque de l'Afrique occidentale au 30 juin 1906, après décision de l'assemblée générale du 4 octobre de la même année :

ACTIF

	fr.	c.
Caisses	3.433.704	47
Espèces en route	66.000	»
Portefeuille titres	1.338.178	»
Portefeuille	6.288.230	88
Effets en souffrance	1	»
Divers comptes à régler	69.196	14
Immeubles	189.650	32
Matériel et mobilier	93.268	96
Frais de premier établissement et de fabrication des billets au porteur	122.664	06
Comptoir National d'Escompte	1.528.401	05
Versements non appelés	4.486.500	»
Total	17.615.794	88

(1) Voyez procès-verbaux et rapports du conseil d'administration de la Banque de l'Afrique occidentale (1906), p. 14 et 15.

(2) Voyez *Les colonies françaises au début du xxe siècle*, tome II. — Rapport sur le Sénégal, par M. Teisseire, p. 59 et 60.

PASSIF

		fr.	c.
Capital..... ,..		5.986 500	»
Réserve statutaire...	75.000 »		
Fonds de prévoyance statutaire	44.556 33	393.566 33	
Réserve spéciale	210 000 »		
Réserve immobilière..........	64.000 »		
Amortissement { des matériel et mobilier.... 35.000 » / des frais de 1er établissement et de fabrication des billets au porteur... 73.769 30		108.769 30	
Billets au porteur en circulation..............		6.943.525	»
Effets à payer.....................		2 001.583	43
Comptes courants....................		1.727.700	51
Dividendes à payer { Solde des dividendes antérieurs.. 5.251 20 / Provisions pour coupons au 1er novembre...... 52.500 »		57.751 20	
Divers comptes à régler		335 814	66
Réescompte du portefeuille....		23.143	55
Profits et pertes. Report de l'exercice 1906-1907		37.450	90
Total........		17.615.794	88

En résumé, les résultats du dernier exercice
sont bons et le mouvement de la banque qui, en
1904-1905, s'était ressenti de la digression de
celui des affaires commerciales, s'est rapidement
relevé. On peut donc espérer que les grands travaux pratiqués actuellement en Afrique occidentale atténueront par la suite les risques inhérents
aux crises culturales dans un pays où l'agriculture joue le principal rôle économique.

DEUXIÈME PARTIE

LES CHEMINS DE FER EN AFRIQUE OCCIDENTALE FRANÇAISE

Depuis ces dernières années seulement, le parti colonial, en France, a fini par triompher. Auparavant, toute tentative ayant pour but de doter nos colonies d'un outillage économique suffisant semblait une utopie. On se basait sur les résultats donnés par nos chemins de fer déjà existants, qui, il faut bien le reconnaître, étaient loin d'être brillants, tant en Sénégambie qu'à la Réunion. Les capitalistes qui plaçaient leurs fonds sur des entreprises étrangères analogues se souciaient fort peu, devant le piteux état de nos travaux publics coloniaux, de les appuyer pécuniairement. Heureusement qu'à la vue des immenses progrès réalisés par les autres puissances colonisatrices qui n'avaient pas craint de faire des sacrifices pour utiliser leurs territoires neufs, le Parlement comprit, après une vive campagne menée par un petit

nombre d'hommes énergiques et éclairés, quel
parti nous pourrions tirer de l'établissement de
voies ferrées de pénétration dans nos propres colonies qui, faute de moyens nécessaires pour hâter
leur développement, étaient demeurées station-
naires. Il comprit qu'il s'agissait, non plus « de
l'intérêt de la conquête et de la domination, mais
du développement et de la production agricole et
des échanges commerciaux » (1). Le but désormais
visé fut de rattraper le plus vite possible le temps
perdu. Et c'est pour cela que depuis ces dernières
années une politique dite d' « expansion coloniale »
a été adoptée. Le mot « expansion » n'est pas pris
dans le sens de la conquête, mais il signifie que
désormais la ligne à suivre sera l'utilisation intégrale de notre immense domaine colonial. Et pour
mettre un pays en valeur, il ne suffit pas de le
cultiver, il faut encore que ce pays puisse trouver
l'écoulement de ses produits. Il faut que les centres de production soient reliés aux ports d'embarquement par des voies de communication
nombreuses et rapides, car, si nous n'avions en
notre puissance que des moyens primitifs, si nous
étions obligés de recourir au portage à dos
d'hommes ou d'animaux, ou si nous devions nous
en rapporter au courant incertain des fleuves, nous
ne pourrions pas compter sur la régularité des
transports, et, par suite, des marchandises nombreuses seraient inutilisées pour n'avoir pu être
embarquées à temps. Il faut donc pour nos colonies, des moyens sûrs de communication, et seules

(1) Chailley-Bert, *Quinzaine coloniale* du 10 mars 1906.

les voies ferrées dites de pénétration permettront
l'exploitation rationnelle de nos possessions.

L'Afrique occidentale s'achemine graduellement
vers une ère de prospérité et de progrès. Les chemins de fer commencent à sillonner nos colonies
ouest-africaines. Leur aboutissement au Niger
n'est plus qu'une question de temps, et bientôt ils
relieront les hinterlands à la côte de façon à draî-
ner tout le commerce intérieur et à empêcher le
transit par les voies anglaises ou allemandes.

Avant d'examiner la situation actuelle de ces
chemins de fer, il semble nécessaire d'établir, si
leur construction doit être le fait de l'Etat ou
bien celui de l'industrie privée.

Les partisans de la construction par l'Etat font
valoir que le gouvernement seul « n'est pas trop
pressé par le souci du lucre » et que, seul, il est
capable de procurer une main-d'œuvre suffisante.
D'ailleurs, disent-ils, l'initiative privée se préoccupe peu des résultats économiques futurs de
l'exploitation; son but à elle, poussée par un indi-
vidualisme égoïste, est de réaliser de suite des
bénéfices. Peu lui importe que les procédés de
construction soient bons ou mauvais, pourvu
qu'ils soient le moins dispendieux possible.

Ceux qui soutiennent la théorie de la construction par l'industrie privée répondent : « Il est certain que les avantages énoncés par les partisans
de l'Etat entrepreneur ont bien leur valeur. Néanmoins, il n'y a qu'à jeter un coup d'œil sur les
entreprises d'Etat pour être convaincu de leur
mauvais fonctionnement. Témoin, pour prendre
un exemple en Afrique occidentale, le chemin de

fer du Soudan jusqu'à ces dernières années. L'Etat a fait ses preuves comme constructeur ; qu'on nous laisse faire les nôtres. Quant au reproche de ne nous soucier qu'accessoirement de l'intérêt futur des colonies, nous répondrons : Qu'on ne nous impose pas des obligations accablantes qui nous forcent à retirer comme nous le pouvons un bénéfice du marché conclu, qu'on nous fasse des conditions raisonnables, et alors l'on verra si, poussés par l'aiguillon de la concurrence, nous n'arriverons pas à fournir des travaux aussi solides au moins que ne pourrait le faire l'Etat ! D'ailleurs nous sommes prêts à présenter des plans longuement mûris et étudiés ; nous sommes également prêts à les remanier, s'ils ne sont pas conformes à l'idée gouvernementale. Et pour la question des tarifs nous pouvons apporter, selon les besoins de la cause, des modifications beaucoup plus rapides que ne pourrait le faire l'Etat, qui s'adapte avec moins de souplesse aux nécessités engendrées par les circonstances.

Les partisans de l'Etat nous répondront par la garantie d'intérêt qu'ils ne cessent d'agiter, tel un spectre budgétaire, mais l'expérience a prouvé que cette garantie ne durait qu'un temps relativement court et qu'au bout de peu d'années les chemins de fer ne coûtaient plus rien à la métropole ».

Il semble que c'est à cette dernière théorie que l'on doive se ranger, tout en admettant des palliatifs. On pourrait par exemple remettre à l'initiative privée, qui en profite, la construction intégrale des voies ferrées, mais sous le contrôle de l'Etat, qui, lui, a tout intérêt à ce que les lignes nouvelles soient solides et durables. On pourrait encore, et cela résoudrait peut-être mieux le problème de la main-d'œuvre, admettre la collaboration de l'Etat et de l'industrie privée. L'Etat, par exemple, se chargerait de l'infrastructure, et la compagnie, de la superstructure et du matériel.

Néanmoins, on ne peut guère donner de règle générale en la matière, et nous sommes d'avis, avec M. Aspe-Fleurimont, que le système de construction est une question de fait, devant être approprié aux besoins, aux ressources et à l'avenir de chaque colonie (1).

Nous étudierons dans les chapitres qui vont suivre :

CHAPITRE PREMIER. — *Le chemin de fer de Dakar à Saint-Louis.*

CHAPITRE II. — *Le chemin de fer de Kayes au Niger. — Le projet de chemin de fer de Thyès à Kayes.*

CHAPITRE III. — *Le chemin de fer de Guinée.*

CHAPITRE IV. — *Le chemin de fer de la Côte-d'Ivoire.*

CHAPITRE V. — *Le chemin de fer du Dahomey.*

CHAPITRE VI. — *La question du transsaharien.*

---

(1) Voyez *Questions diplomatiques et coloniales*, 1901, tome I. — *La question des chemins de fer en Afrique occidentale*, par M. Aspe-Fleurimont, pages 401 et suivantes.

CHAPITRE PREMIER

Le chemin de fer de Dakar à Saint-Louis.

Historique. — La ligne de Dakar à Saint-Louis a été construite en vertu de la loi du 29 janvier 1882 (1). L'exploitation en fut ouverte le 6 juillet 1885 (2).

Le but de cette voie ferrée fut d'abord plutôt stratégique que commercial : on la considérait comme un excellent moyen de pacification, quoique n'étant pas une voie de pénétration, puisqu'elle longe le littoral.

On peut se demander pourquoi on a adopté le trajet Dakar-Saint-Louis plutôt qu'un parcours se dirigeant vers le Soudan, et qui eût pu, alors, permettre à notre action de se manifester d'une façon beaucoup plus énergique. De plus, la ligne actuelle peut être considérée comme faisant double emploi avec le service maritime de Dakar à Saint-Louis. Le vrai motif de ceci est qu'un autre trajet aurait

(1) Notons toutefois que le premier projet remonte à 1856 et est dû gouverneur Pinet-Laprade.

(2) Les bureaux et les ateliers de la Compagnie sont à Dakar.

les intérêts des négociants de Saint-Louis (1), car en pénétrant plus avant l'hinterland, il aurait drainé une grande partie du commerce au profit de Dakar. Le transit des marchandises se serait en effet effectué par la voie ferrée plutôt que par le Sénégal, ce fleuve n'étant navigable que sur une partie de son parcours et pendant quatre mois de l'année seulement.

Mais, plus tard, ce chemin de fer acquit une grande importance, lorsque la production de l'arachide eut pris des proportions considérables dans les régions qu'il traverse.

La ligne a été construite par la Compagnie des Batignolles (2); elle dessert les provinces Sérères et le Cayor. Les principales stations traversées sont Rufisque, Thijès, Tivaouane, Kellé, Louga.

Depuis le début de l'exploitation jusqu'au 31 décembre 1902, l'État avait garanti un revenu net annuel de 1,154 francs par kilomètre. Il a ainsi avancé à la Compagnie jusqu'à cette date les sommes de 14,881,698 fr. 77 à titre de complément de capital, et de 21,032,442 fr. 23 à titre de garantie d'intérêt. Mais, ces dernières années, l'essor économique du Sénégal a eu sa répercussion sur la situation de son chemin de fer, qui s'est bien améliorée. Dès le 21 novembre 1900, la garantie d'intérêt cessait, et de 1900 à 1904 inclus la Compagnie a remboursé à l'État un million

---

(1) Voyez Aspe-Fleurimont, *De l'intervention de l'Etat dans l'outillage public de la colonisation*, 1903.

(2) La voie de cette ligne a un mètre d'écartement.

six mille deux cent quatre-vingt-deux francs quatre-vingt-dix centimes (1).

Personnel. — La question du personnel est l'une des plus grosses difficultés relatives à l'exploitation de la ligne. Le travail de la voie ferrée est à peu près continuel, les trains passant à toute heure : d'où les employés ne bénéficient pas du repos normal de 10 heures du matin à 2 heures du soir, moment de la journée où la chaleur est accablante. « Aussi, malgré des congés fréquents, indispensables aux agents européens, malgré l'excellente organisation sanitaire, les chômages, les morts, les rapatriements ont-ils pesé lourdement sur l'exploitation, surtout pendant les premiers exercices, mettant hors de service jusqu'à 10 °/₀ du personnel européen... (2). » Le remède serait de remplacer l'élément européen par l'élément indigène. La Compagnie a bien essayé : mais

(1) Voici le détail des sommes reversées à l'Etat de 1900 à 1904 inclusivement :

1900..............	4.511 92
1901..............	295.454 78
1902..............	85.157 70
1903..............	373.420 45
1904..............	247.738 05
Total......	1.006.282 90

(Voyez l'ouvrage publié par le gouvernement général sur les chemins de fer en Afrique occidentale, 1906, tome I.)

Il faut remarquer que toutes les économies ne sont pas réservées à l'Etat et que 20 °/₀ sont attribués à la Compagnie à titre de prime et une autre partie complète la caisse de réserves destinée à l'exécution de travaux complémentaires de premier établissement.

(2) Voyez E. de Renty. *Les chemins de fer coloniaux en Afrique* (1905), tome III, page 22.

l'état actuel de l'intelligence des noirs et leur esprit inconstant ne permettent guère de les utiliser que pour les gros travaux. Toutefois c'est là une simple question d'évolution, et le temps modifiera progressivement cet état de choses ; d'ailleurs quelques noirs peuvent être dès à présent employés à des fonctions plus délicates.

Exploitation et tarifs de transport. — Chaque jour, deux trains réguliers sont mis en route. L'un part de Dakar le matin à 6 h. 45, pour arriver à Saint-Louis à 5 h. 05 du soir. Le total des arrêts est de une heure cinquante minutes : la plus longue halte est de quarante minutes ; elle a lieu à Kellé, où il y a un buffet. L'autre train quitte Saint-Louis à 7 h. 15 du matin, et arrive à Dakar à 5 h. 35 du soir. La durée totale du trajet est donc de 10 h. 20, et, la vitesse du train d'environ 25 kilomètres à l'heure, le parcours étant de 264 kilomètres (1).

Voici quels sont les tarifs kilométriques :

a) POUR LES VOYAGEURS. — 1re classe, 0 fr. 12 ; 2e classe, 0 fr. 08 ; 3e classe, 0 fr. 055. Les enfants paient demi-tarif.

b) POUR LES MARCHANDISES. — *Grande vitesse :* 0 fr. 54 par tonne et par kilomètre, plus 1 fr. 60 par tonne pour frais de manutention. Quelle que soit la distance parcourue, la taxe ne peut être inférieure à 0 fr. 40. — *Petite vitesse :* Il y a trois

----

(1) Sur réquisition du service des postes, un train spécial est mis en route à l'arrivée des courriers, tous les quinze jours, si la répartition ne peut être faite à temps.

séries de marchandises, d'où trois séries de prix :
o fr. 24, o fr. 20 et o fr. 13 par tonne et par kilomètre, frais de manutention non compris.

Des tarifs spéciaux modifient le tarif général
selon les besoins du trafic.

Recettes. — Les recettes kilométriques, de
2,678 francs en 1886, se sont élevées à 10,238 fr.
en 1903 ; par contre, les dépenses, de 12,100 fr.
en 1886, se sont abaissées à 7,198 fr. en 1903. Il y
a donc actuellement par kilomètre plus de 3,000
francs d'excédent de recettes sur les dépenses.

Total général des recettes de l'exploitation de 1895 à 1905 inclus :

	Francs.
1895......	1.195.545 72
1896..........	1.231.818 43
1897...	1.320.101 87
1898........ .	1.775.491 27
1899.... ...	2.052.432 76
1900........ .	2.134 407 21
1901........ .	2.188.463 93
1902..........	2.534.358 74
1903	2.703 429 73
1904........	2.473.052 14
1905..........	2.305 702 50

Principales marchandises transportées.—Voici,
de 1895 à 1905 inclus, le total des transports d'a-
rachides et de mil, qui, à eux seuls, forment la
plus grande partie de la recette-marchandise.

Arachides.		Mil.	
1895....	34.837 tonnes.	1895....	1.646 tonnes.
1896....	42.863 —	1896....	1.035 —
1897....	38 474 —	1897....	1.818 —
1898....	53.089 —	1898....	1 115 —
1899. ..	57.642 —	1899....	1.182 —

Arachides.			Mil.	
1900....	90 386 tonnes	1900....	449	tonnes.
1901....	97.660 —	1901....	786	—
1902....	51.318 —	1902....	1.744	—
1903....	78.296 —	1903 ..	4.131	—
1904....	66.209 —	1904....	3.355	—
1905....	53.817 —	1905....	2.112	—

Du mois de décembre au mois de juillet, la recette s'élève considérablement, car c'est le moment du transport des arachides.

Situation présente et avenir du chemin de fer de Dakar à Saint-Louis. — D'après le rapport du conseil d'administration présenté à l'assemblée générale des actionnaires le 14 juin 1904, la situation actuelle de l'exploitation est la suivante : Le capital social est de 5,081,000 francs. Il est représenté par 9,991 actions de capital restant à amortir et 171 actions de jouissance dont le capital a été amorti. Quant à la dette envers l'Etat, en voici le décompte au 31 décembre 1903 :

Avances pour constructions... ...	14.997.598 fr. 77
Avances de garantie	21.032.442 fr. 23
Intérêts de 4 0/0 sur les avances de garantie.......................	10.063.120 fr. 03
Total............	46.093.120 fr. 03

Il n'est pas douteux que, grâce à la vigoureuse impulsion économique donnée ces dernières années à l'Afrique occidentale, la somme due à l'Etat ne soit remboursée intégralementr En effet, la Compagnie des Batignolles a jusqu'à l'année 1984 pour effectuer ce remboursement, la ligne lui ayant été concédée pour une durée de 99 ans ; d'autre part, la progression des recettes s'élèvera bien plus rapidement lorsque le tracé de Kayes au Niger sera exécuté. La production et le commerce des arachides vont s'accroître au fur et à mesure que les travaux en permettront l'exportation facile, et le trafic du chemin de fer de Dakar en bénéficiera pour une large part. Sans compter qu'avec une plus grande facilité de pénétration, le nombre des importations augmentera proportionnellement à l'importance du mouvement des sorties. On peut donc conclure que la situation présente s'est dé beaucoup améliorée et qu'elle est appelée à faire encore des progrès constants et rapides.

CHAPITRE II

**Le chemin de fer de Kayes au Niger, — Le projet
du chemin de fer de Thyès à Kayes.**

I. Le chemin de fer de Kayes au Niger.

Historique et justification. — Le chemin de fer
du Soudan fut commencé en 1881 (1); mais au
1er janvier 1899 il n'atteignait que le 168e kilomètre, alors que sa longueur totale devait être de
555. Il a été achevé en 1904 seulement, c'est-à-dire
vingt-quatre années après les premiers travaux.
La lenteur apportée dans la construction de cette
ligne vient de ce qu'au début les avis étaient très
partagés sur son utilité. De violentes critiques lui
furent en effet adressées. Ses ennemis considéraient
comme un gaspillage financier l'argent employé à
son exécution. D'autres reconnaissaient bien la
nécessité de joindre le Niger à la mer, seulement
ils ne s'entendaient point sur le moyen d'y parve-
nir. Ceux-ci se divisent en trois camps : les partisans du chemin de fer actuel, ceux d'un projet

(1) L'idée primitive de la jonction du Haut-Sénégal au Niger
revient à Faidherbe.

qui devait aboutir à la jonction d'un port de Guinée, du Dahomey ou de la Côte-d'Ivoire, et enfin ceux d'un transsaharien. La première opinion fut celle qui prévalut, et à juste titre, semble-t-il. En effet, le Sénégal n'étant navigable que jusqu'à Kayes, qui se trouve à 900 kilomètres de la mer, il importait de relier ce point au Niger pour faciliter l'exportation des marchandises du Soudan.

D'autre part, une seule voie ferrée n'aurait pas été suffisante pour desservir toutes nos colonies situées au sud de la Sénégambie; ce qu'il fallait, l'expérience l'a prouvé par la suite, c'était un reseau de chemins de fer aboutissant au Niger.

Quant à l'entreprise d'un transsaharien, elle aurait été, et serait encore aujourd'hui, bien aléatoire. Ces différentes raisons déterminèrent donc l'exécution du tracé actuel.

En outre de ces discussions, d'autres raisons vinrent également retarder la construction du chemin de fer de Kayes au Niger. D'abord le gouvernement hésitait à orienter nettement sa politique vers l'expansion coloniale. Il doutait encore de l'avenir économique de nos colonies ouest-africaines et ne consentait qu'à regret à leur procurer le sommes nécessaires à l'établissement des grandes entreprises publiques. Il y eut aussi de fâcheux contre-temps, tels que le vote tardif des crédits et l'arrivée du matériel pendant la période des bases eaux ; les travaux furent même interrompus durant plusieurs années. D'autre part, le projet n'était pas suffisamment étudié, ce qui donna lieu à de sérieuses déconvenues. Bref, pour ces différents motifs, au 1er janvier 1899, c'est-à-dire après dix-huit ans de travaux, on avait seulement atteint le 168e kilomètre. Depuis cette époque, le chemin de fer de Kayes au Niger, grâce au concours financier de la métropole, a vu sa construction s'achever rapidement, si bien que le 28 novembre 1904 le premier train de service entrait en gare de Koulikoro et que l'exploitation de cette gare était ouverte le 10 décembre suivant. C'est le génie militaire, sous la direction du colonel Rougier, qui termina la ligne aux frais de la colonie, à raison de 65 kilomètres par an environ. Ainsi, le dernier tronçon, construit en moins de six ans, est plus de deux fois supérieur comme longueur à celui qui avait nécessité dix-huit années de travaux, puisque de 1899 à 1904, 387 kilomètres de voie ferrée furent ajoutés aux 168 construits de 1881 à 1899 (1). Le chemin de fer atteint le Niger à Bammako (306 kilomètres), mais on l'a prolongé jusqu'à Koulikoro à cause des rapides (2). Les principales stations traversées sont : Diamou, Mahina, Kalé, Toukoto, Kita, Bammako. La station de Médine est desservie par un embranchement spécial.

Personnel. — Le personnel européen est nécessairement limité à cause du climat lourd et humide de la colonie. L'exploitation est dirigée par un capitaine. Les principales gares sont confiées à des

(1) La voie du chemin de fer a un mètre d'écartement; elle est établie sur traverses métalliques.

(2) Le prix de revient de chaque kilomètre de la ligne de Kayes au Niger est évalué à 75,000 francs. Les grands travaux de terrassement et les besognes les plus pénibles ont été accomplis par la main-d'œuvre indigène.

soldats du génie ; mais la gestion des petites gares est donnée à des Sénégalais ou des Soudanais. De même, les mécaniciens et les chauffeurs sont des indigènes, ainsi que le personnel subalterne. Un capitaine est à la tête du service de la voie et des bâtiments, car, comme nous l'avons vu précédemment (1), il y a des industries annexes à l'exploitation du chemin de fer, telles que briqueteries, fabriques de chaux, tuileries, huileries, scieries, etc.

Deux ateliers mécaniques sont établis, l'un à Dakar, l'autre à Toukoto, employant un personnel indigène assez considérable.

Exploitation et tarifs de transport. — L'exploitation, dont les conditions ont été fixées par l'arrêté ministériel du 5 juillet 1900, se fait au compte de la colonie, mais il est probable que le gouvernement général la mettra bientôt en régie par adjudication.

Il y a en moyenne deux trains par jour de Kayes au Niger et autant du Niger à Kayes ; la plupart sont des trains de marchandises. Une ou deux fois par semaine, seulement, un train de voyageurs avec voitures des quatre classes se rend de Kayes au Niger et vice-versa (2) ; comme le service ne fonctionne pas pendant la nuit, il faut compter deux jours et demi pour effectuer le trajet complet.

Les tarifs actuels, homologués par l'arrêté du 15 avril 1902 sont les suivants :

(1) Voyez p. 101 et suivantes.
(2) A partir de Koulikoro, la « flotille du Niger » effectue le transport jusqu'à Say.

DÉSIGNATION	PRIX PAR KILOMÈTRE		
	De o à 15o kilomètres	De o à 35o kilomètres	De o au-delà de 35o kilom.
	fr. cent.	fr. cent.	fr. cent.
Voyageurs 1re classe	0 35	0 28	0 20
— 2e —	0 20	0 16	0 12
— 3e —	0 15	0 10	0 08
— 4e —	0 05	0 05	0 05
Grande vitesse (par tonne de 1000 k.) Bagage et messageries (1)	1 50	1 20	1 »
Petite vitesse Marchandises 1re catégor.	1 20	1 »	0 60
2e —	0 80	0 60	0 40
3e —	0 30	0 20	0 10
Animaux isolés 1re catég. Bœufs, vaches, taureaux, chevaux, mulets.	0 30	0 25	0 20
2e catég. Anes, poulains, génisses, autruches	0 16	0 12	0 10
3e catég. Moutons, brebis, agneaux, porcs, chiens, veaux	0 06	0 05	0 04

Ces tarifs sont établis d'après deux principes : 1º dégression avec la distance. 2º prix de transport basé sur la valeur des produits.

Parmi les marchandises de première catégorie, citons les plumes, l'ivoire, les noix de kola, les étoffes ; parmi celles de deuxième, le café, les vins, les verres, les outils, les matériaux de construction, le caoutchouc. Enfin les marchandises de troisième catégorie comprennent les arachides,

(1) Pour les bagages, la perception est effectuée par fraction indivisible de 10 kilogs : elle est faite au départ avec un minimum de perception de 0 fr. 30

le riz, le maïs, le mil, le karité, le coton, la gomme, le sel, les matières premières de construction, la houille, etc.

L'arrêté du 28 juillet 1905 fait bénéficier de 25 pour o/o de réduction les personnes prenant des billets d'aller et retour : cette réduction est calculée sur le prix total et les billets sont valables 5 jours, 10 jours ou 15 jours suivant qu'ils sont pris pour un trajet de o à 150, de 150 à 350, ou pour plus de 350 kilomètres.

Des tarifs réduits sont établis par les arrêtés du 15 avril 1902, 28 juillet 1905, 14 novembre 1905 « pour le mil, l'arachide, le riz, le bambou, les patates, le karité, les gommes, la fonte brute, la houille, l'acier marchand, le matériel et les ma-chines à destination agricole et industrielle. »

Sur le petit embranchement de Kayes à Médine, il y a environ deux trains par jour dans chaque sens, et environ quatre par semaine pour le service des carrières du Fouty.

Recettes. — Voici le tableau comparatif des recettes et des dépenses de 1897 à 1905 inclus :

ANNÉES	Longueur moyenne exploitée	Recettes totales du trafic	Dépenses totales d'exploitation	Recettes annuelles par kilomètre	Dépenses annuelles par kilomètre
1897	161	261.216,91	435.581,52	1.622,46	2 705,47
1898	161	354.648,94	475.535,03	2 202,78	2 953,63
1899	179	483.067.78	537.612,16	2.698,70	3.003,42
1900	231	465 808,17	578.765,88	2 016,48	2.505,48
1901	250	365.757,86	716.352,99	1.463,03	2.865,41
1902	298	719.138,41	916.172,05	2.413,22	3.074,40
1903	339	1.060.596,42	1.007 329,23	3.128,60	2.971,47
1904	475	1.941.210,91	1.407.588,24	4.086,76	2 963,34
1905	555	2.640.970,97		4.758,50	—

En plus des recettes provenant du trafic, il faut également signaler les recettes hors trafic produits par les industries annexes du chemin de fer.

Celles-ci fournissent les marchandises importées autrefois à grand frais pour les besoins de la voie ferrée. Le surplus de la production est cédé aux particuliers avec l'autorisation du gouverneur et accroît les recettes de l'exploitation (1).

Principales marchandises transportées :

1° Importation. — Les principales marchandises transportées de Kayes au Niger sont le sel et les tissus. L'importation de ces produits a suivi une marche ascendante ainsi que le montrent les chiffres ci-dessous :

Années.	Sel.		Tissus.	
1897	150	tonnes	160	tonnes
1898	184	—	191	—
1899	364	—	346	—
1900	282	—	662	—
1901 ...	300	—.	442	—
1902	1.100	—	622	—
1903	1.400	—	700	—
1904 ...	3.050	—	1.048	—

2° Exportation. — Du Niger à Kayes, le commerce d'exportation donne principalement lieu au transport du caoutchouc, de la gomme et de

(1) Les chiffres suivants donnent une idée de l'importance des recettes hors trafic :

	fr.	cent.	
1894	24.110	23	
1896	101.334	45	(point maximum)
1903	49.406	64	

l'ivoire. Depuis ces dernières années, le nombre de tonnes de caoutchonc transporté a beaucoup augmenté Par contre, il semble que l'exportation de la gomme ait une grande tendance à baisser. Le tableau suivant permettra de se rendre compte de l'importance du mouvement de transit de ces produits :

Années.	Gomme.		Caoutchouc.		Ivoire.	
1897	63	tonnes	15	tonnes	1	tonne
1898	127		52	—	2	tonnes
1899	120	—	156	—	2,5	—
1900	156	—	276	—	4,5	—
1901	59	—	202	—	4	—
1902	34	—	290	—	10	—
1903	54	—	579	—	9	—
1904	21	—	752	—	11	—

Le mouvement de descente est également alimenté par les arachides, le karité, le riz, les peaux, les matériaux de construction, etc.

Situation présente et avenir du chemin de Kayes au Niger. — Les résultats de l'exploitation du chemin de fer de Kayes au Niger ont été très satisfaisants pendant ces dernières années. Les chiffres que nous avons sous les yeux montrent que depuis 1903 la somme des recettes est sensiblement supérieure à celle des dépenses, et que les transports ont une tendance à augmenter de plus en plus.

Il y a ainsi tout lieu de croire que le trafic va devenir rapidement rémunérateur. Les richesses naturelles ne feront pas défaut le long du parcours : le mil, le maïs, les arachides, le riz, le karité, les plantes à caoutchouc, le coton, dont la culture se développe de jour en jour, fournissent dès maintenant un sérieux rendement qui, dans la suite, est appelé à devenir beaucoup plus consirable, et l'élevage accroîtra encore l'importance de l'exploitation.

On peut donc augurer favorablement de l'avenir de ce chemin de fer, qui a déjà beaucoup contribué au développement économique du Haut-Sénégal et Niger et à y faire pénétrer notre influence. Car le but visé par lui est à la fois politique et économique. « Certes, son rôle politique est des plus importants. Déjà quand il existait à l'état de tronçon informe et inutilisable de Kayes à Bafoulabé, son influence était très grande. Le voisinage de cet instrument de pacification et de domination, si impuissant qu'il fût alors, faisait pressentir aux indigènes que l'ère de la barbarie était terminée, et que pour eux allait s'ouvrir l'inconnu de la civilisation, inconnu qui troublait sans doute ceux qui profitaient jusque là de l'anarchie et du désordre, mais qui paraissait aux populations paisibles l'aurore calme et sereine d'une période de paix. L'indigène, bien que ses aspirations fussent atrophiées par des siècles de barbarie et d'esclavage, avait l'intuition que la face du monde allait changer pour lui, le jour où le cheval de feu pénétrerait dans son pays. Au lieu de subir par atavisme le joug pesant des Samory ou des Amadhou, il comprenait que la domination que nous lui imposions n'était ni dure, ni cruelle. Ces puissants outils que nous importions n'étaient pas destinés à le pressurer, mais à lui rendre la liberté et à lui insuffler une civilisation nouvelle. Et ainsi, comprenant son intérêt et conscient de ses destinées, l'indigène venait planter sa tente ou construire sa case à l'abri de notre drapeau, certain que son travail et sa propriété seraient respectés par les maîtres nouveaux.

« Mais cette influence morale n'est pas la seule qui soit dévolue au chemin de fer : son action économique est encore plus considérable. En reliant les riches plaines du Niger à un port de l'Océan, il réalisera le développement de ces régions, comparées parfois au delta du Nil. Il y a quelques années à peine, le Soudan était un pays clos de toutes parts, n'ayant que des exutoires temporaires et fragiles. Les longues caravanes de porteurs qui alimentaient le commerce couraient tant d'aléas, les itinéraires tracés dans la brousse étaient si longs, que nul essor économique n'était possible. Le mouvement commercial du Soudan était très faible jusqu'à ces derniers temps ; mais comment et pourquoi le développer, puisqu'on se trouvait dans l'impossibilité de transporter les produits ? Si de grands sacrifices sont nécessaires pour conquérir d'immenses territoires, il faut en faire d'autres pour les mettre en rapport » (1).

II. Le projet de chemin de fer de Thyès à Kayes.

Actuellement, lorsque l'on veut se rendre de Dakar à Kayes, on est obligé de recourir au Sénégal. Sans compter que cela occasionne un très grand détour, puisque, pour remonter le courant,

(1) Voyez de Renty, *op. cit.*, tome III, pages 79 et 80.

on est obligé de se rendre à Saint-Louis et que les moyens de locomotion sont peu rapides (1), on est à la merci des bizarreries du fleuve, qui n'est navigable que pendant une partie de l'année. Le commerce aura donc tout à gagner d'avoir une voie de communication certaine et qui ne nécessitera pas des transbordements continuels. Le cœur de l'Afrique sera ainsi accessible en toute sécurité et quelle que soit la saison (2).

D'ailleurs, l'idée n'est pas nouvelle ; Faidherbe, et, depuis lui, plusieurs autres personnes s'intéressant à l'avenir de notre Soudan, ont préconisé la jonction du Niger à la côte occidentale. Et de projet, le tracé de Thyès à Kayes va devenir une réalité.

C'est au colonel Rougier qu'échut la direction de la mission d'études du chemin de fer destiné à unir le Sénégal au Soudan. On lui adjoignit le commandant Belle ; ce dernier prit plus tard le commandement effectif de la mission qui partit en

---

(1) Le trajet de 900 kilomètres de Saint-Louis à Kayes se fait sur vapeurs. Les prix sont les suivants : 1re classe, 60 fr.; 3e classe, 30 fr. Le transport d'une tonne de marchandises à la montée coûte 35 fr.; à la descente, de 15 à 22 fr. De Bordeaux à Kayes on peut estimer à 68 fr. le transport d'une tonne de marchandises.

(2) Voici quel est actuellement le temps nécessaire pour se rendre de Paris à Tombouctou :

Paris-Bordeaux	1 jour	par voie ferrée.
Bordeaux-Dakar	8 jours	— les Messageries maritimes
Dakar-Saint-Louis	1 jour	— voie ferrée.
Saint-Louis-Kayes	3 jours	— les Messageries fluviales du Sénégal.
Kayes-Koulikoro	2 jours	— voie ferrée.
Koulikoro-Tombouctou	3 jours	— flottille du Niger.
Total : Paris-Tombouctou	18 jours.	

13

janvier 1903 et revint en août de la même année, rapportant des renseignements remplis d'intérêt et concluant qu'au point de vue technique aucune difficulté sérieuse ne pouvait être soulevée contre le parcours arrêté, et qu'au point de vue politique et économique sa réalisation ne pouvait avoir que des résultats satisfaisants.

Les pays qui seront traversés sont : le Baol, où la population est nombreuse et où la culture des arachides est appelée à prendre un grand développement ; la forêt du Latié, que l'on pourra exploiter avec fruit ; le Niani-Ouli, le Bondou, le Kaméra, régions propres en grande partie à la culture des arachides, du mil, du maïs, du coton, et même, en certains endroits, du riz. L'élevage sera également un élément du trafic.

La voie ferrée aura une longueur totale de 682 kilomètres : 90 seulement sont en région inhabitée par suite du manque d'eau (désert du Ferlo) ; mais en creusant des puits on pourra par la suite remédier à cet inconvénient. On estime à environ cinq années le délai nécessaire à l'exécution totale de la ligne ; mais avant deux ans, un premier tronçon de 147 kilomètres pourra être achevé et la compagnie du chemin de fer de Dakar à Saint-Louis s'est offerte à le construire pour le prix moyen de 75,000 francs par kilomètre, ce qui porterait le prix de la construction entière à 50,500,000 francs. Une somme de 13,500,000 fr. est prévue pour les premiers travaux par l'emprunt autorisé par la loi du 22 janvier 1907.

Nous souhaitons voir le plus vite possible ce projet se réaliser, car le nouveau chemin de fer augmentera de beaucoup l'importance du port de Dakar et nous permettra de « faire la police d'une vaste région où les tranquilles peuplades indigènes de cultivateurs et de pâtres sont souvent molestées par des bandes de pillards (1) ».

(1) Voyez *Les colonies françaises au début du xxᵉ siècle*, tome II. — Rapport sur le Sénégal, par M. Raymond Teisseire.

CHAPITRE III

Le chemin de fer de Guinée.

Historique. — Dès 1881, on voulut relier à la côte les régions du Haut-Niger par une voie ferrée traversant la Guinée. Mais les premiers travaux de ce chemin de fer datent seulement de 1895, année où M. Chautemps, alors ministre des Colonies, chargea une mission, dirigée par le capitaine Salesses, d'étudier le tracé. Au retour de celle-ci, M. le gouverneur Ballay, d'accord avec M. Salesses, présenta un avant-projet à l'approbation ministérielle. Il obtint également l'autorisation de négocier avec la Caisse des dépôts et consignations un emprunt de 8 millions, sans autre garantie que le crédit de la colonie (1). L'adjudication du 18 février 1900 donna l'entreprise des travaux à M. Mairesse. A la mort de ce dernier, en août 1900, la construction fut exécutée en régie directe pour le compte du gouvernement, sous la direction de M. Salesses. Pour le terrassement, on a passé un contrat de travail à forfait avec un chef de tâche

(1) Voyez le décret du 4 août 1899.

indigène ; c'est lui qui s'occupe du recrutement de la main-d'œuvre et on lui fournit les outils et les vivres (1).

La ligne de Guinée part de Konakry, sur la côte, et, lorsqu'elle sera terminée, elle aboutira à Kouroussa, sur les bords du Niger, et aura environ 65o kilomètres de longueur. Le 1er juin 1904, un tronçon de 154 kilomètres a été ouvert à l'exploitation ; il va de Konakry à Kindia. Au cours de 1907, la seconde section, de Kindia au col de Koumi, sera entièrement construite ; actuellement, l'exploitation est ouverte jusqu'au kilomètre 2o3 (pont de Kolente). Du col de Koumi à Kouroussa, les travaux pourront être exécutés avec plus de facilité et, en 1910, M. Salesses pense que la construction de la ligne de Guinée sera totalement terminée. Les régions traversées par le chemin de fer sont : la région côtière, où l'arachide et le riz peuvent être cultivés ; le plateau du Foutah, dont l'altitude moyenne est de 900 mètres et dont l'élevage constitue la principale richesse ; enfin, la Haute-Guinée, qui fournira à la nouvelle voie ferrée un important transport de caoutchouc et aussi une certaine quantité d'ivoire.

Personnel. — De même que pour le chemin de fer de Kayes au Niger, l'exploitation est confiée au service du génie. Le personnel subalterne, les chauffeurs, les mécaniciens, sont recrutés parmi les indigènes, et notamment parmi les Sénégalais.

Exploitation et tarifs de transport. — L'exploi-

(1) Voyez *Journ. Off. du Sénégal et dépendances,* 31 mai 1902.

tation se fait au compte de la colonie. Chaque jour il circule dans chaque sens un train mixte, plus un train de matériel (1). D'après l'horaire du 1er octobre 1905, le train mixte met 6 heures 3/4 pour parcourir les 154 kilomètres du tronçon. Entre les points extrêmes de ce premier tronçon, c'est-à-dire de Konakry au col de Kindia, on compte sept stations intermédiaires ; la distance entre elles varie de 17 à 24 kilomètres.

L'arrêté du 23 janvier 1905 a ainsi fixé les tarifs d'exploitation :

DÉSIGNATION	PRIX PAR KILOMÈTRE
VOYAGEURS : 1re classe	0.30 par tête.
2e —	0.20 —
3e —	0.10 —
4e —	0.04 —

Observations. — Des billets d'aller et retour sont délivrés pour une durée de six jours avec 25 0/0 de réduction sur le prix total.

Les enfants ne paient rien jusqu'à l'âge de 3 ans ; de 3 à 7 ans, ils bénéficient du demi-tarif.

La limite des bagages à la main qu'un voyageur peut emporter avec lui est de 20 kilogrammes et de 0m050 en volume.

Les bagages admis en franchise ne doivent contenir que des objets personnels, à l'exception de toute marchandise de valeur.

GRANDE VITESSE :

Bagages et messageries	1.50 par tonne.
Sacs de dépêches, colis-postaux	1.50 —

Observations. — Pour les bagages, la perception est effectuée par fractions indivisibles de 10 kilogrammes ; elle est faite au départ avec minimum de perception de 0 fr. 20. Le maximum admis est de 1,000 kilogs par voyageur.

ANIMAUX ISOLÉS :

1re catégorie. — Bœufs, vaches, chevaux, taureaux, mulets, etc.	0.20 par tête.
2e catégorie. — Anes, poulains, génisses, autruches	0.10 —
3e catégorie. — Moutons, brebis, agneaux, chiens, veaux	0.04 —

Observations. — Par troupeaux, il est fait une réduction de 50 0/0 sur le tarif ci-dessus. Le troupeau doit être formé d'au moins 6 animaux de la première catégorie, et 10 animaux de la seconde et de la troisième.

____

(1) En outre, selon les besoins, des trains de service sont mis en circulation.

PETITE VITESSE :

Marchandises d'importation (montée) :

1ʳᵉ catégorie *(a)*.	2.50 par tonne.
— *(b)*.	1.50 —
2ᵉ — *(c)*.	1. » —
3ᵉ — *(d)*.	0.60 —
4ᵉ — *(e)*.	0.30 —

Marchandises d'exportation (descente) :

1ʳᵉ catégorie *(f)*.	1. » —
2ᵉ — *(g)*.	0.50 —
3ᵉ — *(h)*.	0.20 —

Observations. — Voici comment sont divisées les marchandises :
a) Poudres, salpêtres, explosifs.
b) Alcools, matières dangereuses et inflammables.
c) Etoffes, tissus, vêtements, linge, tabacs, vivres, boissons (sauf l'alcool), épicerie, mercerie, meubles, etc.
d) Machines, outillages, quincaillerie, matériaux de construction, etc.
e) Viandes fumées ou séchées, poissons séchés, engrais, matières de première construction, etc.
f) Caoutchoucs, plumes, ivoire, kolas, etc.
g) Résine, gomme, écorce, cuirs, café, bois du pays, beurre de karité, cacao, etc.
h) Graines oléagineuses, mil, maïs, riz, patates, bambous, coton, fruits divers.

Le même arrêté fixe les droits de garde et de magasinage d'après le tableau ci-dessous :

NATURE DE L'OBJET en magasin	UNITÉ	Taxe journalière	Minimum de perception
Grande vitesse :			
Bagages ou messageries	Nombre.	0ᶠ 15	0ᶠ 10
Animaux.	Tête.	0.10	0.20
Valeurs (les fractions de 1,000 francs sont indivisibles).	1.000 francs.	0.50	0 50
Petite vitesse	Tonne	1. »	0.50
Id.	Wagon complet.	10. »	10 »

Par l'arrêté du 23 mars 1905, le gouverneur général établit les tarifs spéciaux P. V. suivants pour le sel, les matériaux de construction et le caoutchouc :

DIRECTION du transport	NATURE des marchandises	PRIX par tonne et par kilomètre	OBSERVATIONS
Montée vers Kindia......	Sel	0ᶠ 20	Le tarif plein est dû dans tous les cas.
	Matériaux de construction (chaux, ciment, bois bruts, pierres non ouvrées, etc.).	0.20	Aucune réduction n'est consentie pour les wagons complets.
Descente vers Konakry....	Caoutchouc........	0.80	

Recettes. — Voici la situation comparative des recettes et des dépenses au 31 octobre 1905 pour les 153 kilomètres exploités :

RECETTES		DÉPENSES	
Prévisions...	566.000 »	Prévisions. .	566.000 «
Recettes.....	628.714 34	Dépenses....	559.409 17
	+ 62.714 34		— 6.590 83

PRINCIPALES MARCHANDISES TRANSPORTÉES
EN 1905.

GARES expéditrices	GARE DESTINATAIRE : KINDIA			GARE DESTINATAIRE : KONAKRY		
	Riz	Sel	Tissus	Caoutchouc	Cuirs bruts	Ivoire
	tonnes	tonnes	tonnes	tonnes	tonnes	tonnes
Konakry...	738.1	884.3	514.6	»	»	»
Kindia.	»	»	»	478.8	67 1	1.9

Situation présente et avenir du chemin de fer de Guinée. — Les prévisions du coût kilométrique de la voie ferrée ont été dépassées. Le kilomètre, prévu par M. Salesses à 80,000 fr., et à 90,000 fr. par le comité supérieur des travaux publics, est revenu à 95,000 fr. Ce qui porte le coût de la première section de Konakry au col de Kindia à 14,400,000 fr. Cette somme provient de la colonie, d'une part, sur la caisse de réserve de laquelle 2 millions ont été prélevés; de plus, ses excédents budgétaires ont permis de disposer de 400,000 fr. D'autre part, le décret du 14 août 1899 a autorisé un emprunt de 8 millions à la Caisse des dépôts et consignations, et le décret du 22 mars 1901, un emprunt de 4 millions à la Caisse des retraites sur la vieillesse. Le solde de ces deux emprunts a été remboursé le 25 août 1903 par le gouverneur général sur les fonds de l'emprunt de 65 millions. Une somme de 17 millions, prélevée également, sur les fonds dudit emprunt, est affectée aux travaux de la seconde section de la voie ferrée, qui doit comprendre environ 154 kilomètres de longueur et ira du col de Kindia au col de Koumi. Au 30 juin 1905, les dépenses s'élevaient à 4,606,206 fr. 50.

L'argent nécessaire aux travaux de la troisième section est évalué à 30 millions environ et sera prélevé sur le nouvel emprunt de 100 millions autorisé par la loi du 22 janvier 1907.

Quel avenir peut-on prédire à ce chemin de fer? Les principales objections qu'on lui adresse ont trait à son parcours. On lui reproche de traverser des régions peu peuplées, relativement pauvres, alors qu'on pouvait le faire passer à travers des pays riches et de population plus dense. D'ailleurs est-on sûr qu'en le faisant aboutir au

Niger il draînera tous les produits de la contrée ?
Car enfin de nombreuses voies ferrées aboutissent
ou aboutiront à ce fleuve, sans compter que les
marchandises pourront suivre le cours du Niger
ou de ses affluents. Enfin il a fallu effectuer des
travaux d'art considérables pour permettre à la
ligne de traverser le massif du Foutah : le rendement de cette région sera-t-il en rapport avec l'argent dépensé ?

Une partie de ces critiques semblerait fondée si
le chemin de fer de Guinée était d'intérêt pure-
ment local. Mais il ne faut pas oublier le but pri-
mordial actuel de toute voie ferrée coloniale, qui
doit être avant tout une voie de pénétration. Si
les régions traversées ont une population peu
nombreuse, la cause en est aux pillages fréquents
qui ont obligé ces populations à s'établir en des
endroits plus sûrs. Avec le chemin de fer la police
sera facile à faire et ainsi toute cause de trouble
disparaîtra. Et les escales de la ligne sont certainement appelées, d'ici peu de temps, à voir augmenter dans des proportions considérables le
nombre de leurs habitants, car les indigènes vou-
dront profiter du progrès et de la facilité de communication. D'ailleurs rien n'empêchera, dans
quelques années, lorsque le rôle de pacification du
chemin de fer sera terminé, de relier les endroits
les plus fertiles à la ligne actuelle de façon à cen-
traliser toute l'exploitation de la Guinée. L'établissement de tarifs spéciaux à prix réduits augmentera le trafic des marchandises, et celles-ci
délaisseront la voie fluviale.

De plus, la région du Foutah est propice à l'élevage et il n'est pas douteux que le chemin de fer, ramenant avec lui la sécurité et la paix, ne développe cette source de profits. Enfin sur les versants des plateaux, de nombreuses forêts à caoutchouc pourront être mises en valeur.

En outre du but de pénétration, un autre motif aurait seul suffi à faire construire cette voie ferrée et à lui donner sa raison d'être : c'est la lutte contre le chemin de fer de Sierra-Leone, qui peu à peu aurait drainé tous les produits de la Guinée et du Soudan.

CHAPITRE IV

Le chemin de fer de la Côte-d'Ivoire

Historique. — L'idée de construire un chemin de fer à la Côte-d'Ivoire, après avoir été émise en 1893 pour la première fois par le capitaine Marchand, après la défaite définitive des bandes de Samory, fut reprise en 1898 (1) par M. Binger, directeur des affaires d'Afrique et ancien gouverneur de la colonie.

C'est grâce à lui que la mission du commandant Houdaille fut envoyée en reconnaissance vers l'intérieur pour choisir le tracé. Le projet qui, au retour de celle-ci, fut élaboré, reçut, en novembre 1899, l'approbation du comité des travaux publics des colonies. Primitivement, la ligne de la Côte-d'Ivoire devait partir de Bingerville et d'Alepé sur la Comoë ; les deux tronçons devaient se réunir à Memmi et remonter vers le Baoulé. Mais en 1903, après bien des hésitations, on décida qu'elle

(1) En 1898, notre colonie de la Côte-d'Ivoire était entièrement délimitée par les traités du 10 août 1889, 26 juin 1891 et 14 juillet 1898, avec l'Angleterre, et la convention du 8 décembre 1898 avec le Libéria.

partirait d'Abidjean, où un port venait d'être créé, pour aboutir au Niger. Les travaux de la première section, d'Abidjean à Eri-Maconguié, sont commencés. Au 31 décembre 1905, le rail atteignait le kilomètre 46 et le montant total des dépenses s'élevait à 6,100,000 francs environ. Le coût de cette première partie, qui a une longueur de 79 kilomètres, reviendra à peu près à 82,000 fr. le kilomètre.

La question de la main-d'œuvre. — La Côte-d'Ivoire est à beaucoup près celle de nos colonies de l'Afrique occidentale où la question de la main-d'œuvre est le plus difficile à résoudre, la population y étant très peu dense. Au début, on employa des bras empruntés aux colonies voisines, et en janvier 1904 l'effectif de 1,000 travailleurs se décomposait ainsi : 200 Dahoméens, 50 Sénégalais, 150 Guinéens, 350 Kroumens venant de l'ouest de la Côte-d'Ivoire, 250 travailleurs indigènes recrutés sur place. En janvier 1905, cet effectif était de 2,000 hommes, grâce au recrutement de plus en plus grand de la main-d'œuvre locale de la Haute-Côte-d'Ivoire notamment dans le cercle de Bondoukou. Notons également que les ouvriers dahoméens furent renforcés de 200 hommes. Les travailleurs sont payés environ 1 franc par jour, plus la ration, qui a une valeur de 0 fr. 50 (1).

Exploitation. — Jusqu'ici l'exploitation n'a été que provisoire et subordonnée aux nécessités de

(1) Voyez De Renty, *op. cit.*

la construction. Les transports commerciaux n'ont guère commencé qu'en 1905.. Voici le décompte de cette exploitation de juillet à novembre 1905 :

Mois.	Nombre de kilomètres exploités.	Recettes totales.
Juillet	28,500	805 fr. 90
Août	30,000	1,009 fr. 60
Septembre. . . .	32,000	1,904 fr. 55
Octobre	35,000	2,525 fr. 95
Novembre. . . .	42,000	1,818 fr. 95
Total.		8,054 fr. 95

Les principales marchandises transportées sont : le riz, les biscuits, les étoffes, les graines de palme, etc.

L'arrêté du 15 avril 1905 autorise provisoirement le service du chemin de fer à exécuter des transports pour le compte du service local et des particuliers.

Situation présente et avenir du chemin de fer de la Côte-d'Ivoire. — Le principal obstacle à l'exploitation fructueuse de ce chemin de fer semble devoir être suscité par la difficulté du recrutement de la main-d'œuvre.

Certes, la colonie est très riche : la région parcourue par le chemin de fer fournit de nombreux produits, tels que le caoutchouc, l'huile de palme, l'igname, le coton, les arachides, la vanille, les noix de kola, des bois de construction et des bois précieux comme l'acajou et le palissandre. La question de l'or et des mines de fer et de cuivre se pose même dans les régions de l'Indiené et du Baoulé. Enfin la lagune Ebrié est très poissonneuse. Les habitants entretiennent avec l'intérieur un important commerce de poisson fumé. Mais pour tirer tout le parti désirable de ces richesses, il faut des bras. Il ne faut pas toujours compter sur la main-d'œuvre des pays environnants : les colonies voisines, pour leur mise en valeur, ont besoin de leurs travailleurs. Comme palliatif, on devra faire pénétrer le chemin de fer dans le Baoulé, jusqu'à Satama et même jusqu'à Kong, la population étant dans cette région plus dense et plus habile que partout ailleurs.

Il faut espérer que l'avenir verra se résoudre ce problème, qui constitue l'unique difficulté de l'exploitation, car ni les capitaux (1) ni les encouragements ne feront défaut.

(1) Le nouvel emprunt de 1907 prévoit une somme de 22 millions pour les frais de construction du chemin de fer de la Côte-d'Ivoire.

CHAPITRE V

Le chemin de fer du Dahomey.

Historique. — Le chemin de fer du Dahomey est la conséquence de l'évolution économique de cette colonie, qui en douze années a franchi les trois phases de la colonisation contemporaine : occupation du sol, expansion territoriale, mise en valeur. De plus, au point de vue commercial, il est destiné à empêcher les marchandises de gagner Lomé ou Lagos.

Le commandant Guyon fut chargé d'élaborer un projet qui fut approuvé en 1900, et le décret du 25 juin de la même année concéda la superstructure et l'exploitation de la ligne à M. Georges Borelli, de Marseille. Ce décret fut suivi d'un arrêté autorisant le concessionnaire à se substituer la « Compagnie française des chemins de fer au Dahomey ». La colonie prenait à sa charge l'établissement de la voie et tous les travaux d'infrastructure. Des conditions avantageuses étaient faites au concessionnaire. 3oo,ooo hectares de terrains, avoisinant la voie ferrée, répartis en lots séparés de 1,000 à 10,000 hectares, lui étaient attribués. Cela, pour accroître le champ d'action de la Compagnie, qui aurait tout intérêt à créer des cultures le long du parcours. En outre, une subvention lui était accordée : 2oo francs par kilomètre exploité pour la partie Cotonou-Paouignan, et 2,ooo francs par kilomètre également pour la partie Paouignan-Tchaourou pendant les huit premières années de l'ouverture de chaque section. Enfin le cahier des charges prévoyait le partage des bénéfices entre la colonie et la Compagnie : quand la recette brute réelle dépasserait 6,ooo fr. par kilomètre, la Compagnie verserait à la colonie un tiers de la somme totale pour un revenu supérieur à 4,ooo francs et la moitié pour un revenu dépassant 10,000 francs.

Ce premier décret a nécessité la modification du 24 août 1904, qui vise principalement les concessions territoriales. Celles-ci, en effet, lésaient les intérêts des indigènes et des commerçants. D'ailleurs la Compagnie n'arrivait que difficilement à tirer parti de son domaine. La nouvelle convention, rédigée également par M. Guyon, s'applique à aplanir toutes difficultés. La Compagnie abandonne ses concessions, sa subvention annuelle territoriale et son permis d'exploitation minière. Mais en revanche, la colonie devra exécuter à ses frais la superstructure de la partie comprise entre Tchaourou (exclu) et Parakou ; et en 1905, une somme de 8,55o,ooo francs a été payée à la Compagnie par le gouvernement général pour toutes les dépenses qu'elle avait faites antérieurement.

Les travaux de construction furent commencés en mars 1899 sous la direction du commandant Guyon. Mais la concession définitive n'a été donnée que par le décret du 25 juin 1900 à M. Borelli, lequel s'est substitué depuis la « Compagnie française des chemins de fer au Dahomey ». Les travaux, après avoir subi un court temps d'arrêt, ont été repris le 30 juin 1901, et, le 14 juillet 1905, l'exploitation était ouverte jusqu'à Dan (kil. 144). A la fin de la même année, elle atteignait Paouignan (kil. 194), et actuellement elle doit dépasser le kilomètre 264. L'immense marécage de la Lama a causé un retard assez grand ; mais maintenant une chaussée solide est établie pour la voie ferrée le long de cette dépression. La construction se poursuit maintenant pour arriver jusqu'à Parakou, point situé à 450 kilomètres de la mer. Un embranchement partant de Pahou est destiné à souder Segboroué, qui se trouve sur les bords du lac Ahémé, à la ligne principale : sa longueur est de 33 kilomètres. Un nouvel embranchement, de 40 kilomètres, qui doit être livré à l'exploitation depuis les derniers mois de 1906, joint Agouagon à la ligne principale au delà de Paouignan.

Main-d'œuvre et personnel. — La question de la main-d'œuvre ne se pose pas au Dahomey, car celle-ci se recrute facilement, la population étant relativement dense. De plus, les Dahoméens, très ouverts aux idées de progrès, ont accueilli le chemin de fer avec enthousiasme et n'ont fait aucune difficulté pour prêter leur concours à la construction de la voie ferrée.

Deux systèmes de recrutement sont employés : ou bien on fait appel aux ouvriers volontaires, pour la partie de la population la plus civilisée, ou bien on a recours à l'intervention des rois et des chefs de tribus. On emploie, lorsque cela est possible, le mode de travail à la tâche et par intervention, c'est-à-dire que l'on traite de gré à gré avec des chefs d'équipes indigènes et qu'on exige d'eux un travail déterminé pour un prix convenu. Mais le salaire est remis directement aux ouvriers, car ceux-ci n'ont que fort peu confiance en l'honnêteté de leurs chefs. Le prix du mètre cube de terrassement est d'environ o fr. 60 à o fr. 80. Dans la Lama (1), il est monté jusqu'à 1 fr. 20. Le salaire des ouvriers est de o fr. 50 à 1 franc par jour (2).

Le personnel de l'exploitation est en grande partie indigène, notamment les mécaniciens et les chauffeurs. On emploie surtout des Sénégalais. Seuls, les chefs des gares les plus importantes, comme celles de Cotonou et de Toffo, sont européens. A partir du 1er janvier 1906, tous les agents non indigènes employés au chemin de fer devront être français : cela résulte de la dernière convention entre la Compagnie et la colonie.

(1) Dans cette région, le kilomètre de plateforme est revenu à 70,000 francs tandis que pour le reste de la ligne il n'est que de 12,000 francs.

(2) En réalité il n'y a qu'une partie de l'équipe qui travaille, l'autre étant occupée à jouer du tam-tam pour donner du zèle aux ouvriers.

Exploitation et tarifs de transport. — L'exploitation est ouverte depuis le 4 septembre 1902. Les débuts n'ont pas été en rapport avec ce que l'on attendait, car ils ont eu lieu au moment où le Dahomey traversait une crise causée par la sécheresse. De plus, les premiers tarifs étaient trop élevés ; fin 1903, ils furent considérablement réduits. Les transports totaux de chacune des années 1903 et 1904 ont été d'environ 700,000 tonnes kilométriques de marchandises. Le mouvement des voyageurs a été de 760,000 en 1903 et 1,217,000 en 1904. Le mouvement du premier semestre 1905 dépasse le chiffre total de 1904.

Chaque.jour, huit trains mixtes circulent dans l'un ou l'autre sens ; le jeudi et le dimanche, ils sont plus spécialement affectés au transport des voyageurs (Voir, page 213, le tableau des tarifs des voyageurs et des marchandises.)

L'arrêté du gouverneur général pris en date du 28 novembre 1904 crée des tarifs spéciaux pour les cotons et les arachides.

DÉSIGNATION	Prix par tonne kilométrique		
	Parcours jusqu'à 100 kilom.	Parcours de 101 à 200 kilomètres	Parcours au-dessus de 200 kilom.
Coton brut....	0 fr. 12	0 fr. 11	0 fr. 10
Graines de coton et arachides.	0 fr. 10	0 fr. 09	0 fr. 08

Situation présente et avenir du chemin de fer du Dahomey. — Le bilan de la « Compagnie française des chemins de fer au Dahomey » accuse la situation suivante : Le capital-actions est de 8 millions de francs ; la moitié de cette somme a

TABLEAU DES TARIFS

DE LA

« COMPAGNIE DES CHEMINS DE FER AU DAHOMEY »

I. VOYAGEURS	Parcours jusqu'à 100 kil.	Parcours de 101 à 200 kilom.	Parcours au-delà de 200 kil.	OBSERVATIONS
1re classe ..	0 25	0 20	0 15	Les voyageurs de 1re, 2e, 3e classe ont le droit de conserver avec eux, gratuitement, dans le compartiment, leurs bagages à main, à condition qu'ils ne gênent pas les autres voyageurs. Ceux de 4e classe ne peuvent garder avec eux que 40 kilog. au plus. — Au-dessous de 3 ans, les enfants voyagent gratuitement pourvu qu'ils soient portés par les personnes qui les accompagnent.
2e — ..	0 15	0 12	0 10	
3e — ...	0 08	0 07	0 07	
4e — ..	0 05	0 04	0 03	
2. BAGAGES ET MESSAGERIES	0 fr. 15 par 100 kilogrammes et par kilomètre.			Ce prix est applicable aux volailles ou petits animaux en cages ou paniers.

3. MARCHANDISES	Par tonne kilométrique			OBSERVATIONS
	Parcours jusqu'à 100 kilom.	Parcours de 101 à 200 kilom.	Parcours au-delà de 200 kilom.	1re *Catégorie*. — Marchandises et produits d'importation (sauf ceux ci-dessous), plus l'ivoire.
1re catégorie ..	1 »	0 80	0 60	2e *Catégorie*. — Huile de palme, café, caoutchouc, vanille, tabac, cacao, vins et boissons hygiéniques.
2e — ..	0 60	0 50	0 40	3e *Catégorie*. — Amandes de palme, igname, maïs, farines, pommes de terre, produits forestiers et agricoles ne rentrant pas dans les autres catégories, matériaux de construction autres que ceux classés à la 5e catégorie, machines-outils et, en général, toutes marchandises n'étant pas, en raison de leur valeur, assimilables à celles comprises dans les deux premières catégories.
3e — ..	0 40	0 30	0 20	
4e — ..	0 20	0 15	0 10	4e *Catégorie* — Spéciale à l'exportation : arachides, coton égrené ou non égrené.
5e — ..	0 15	0 12	0 10	5e *Catégorie*. — Fruits verts de palmier à huile, noix de coco, racines de manioc, moellons bruts, terre à brique, terre de barre, sable ou gravier.
4. ANIMAUX	Les animaux sont taxés par tête et assimilés aux poids ci-dessous des marchandises de 4e catégorie : 1. Mulets, chevaux 1,500 k. 2. Bœufs, vaches.. 1,200 k. 3. Veaux, ânes.... 1,000 k. 4. Moutons, brebis, Chèvres, porcs. 300 k. Les troupeaux de plus de 5 têtes bénéficient d'une réduction de moitié par tête.			

été versée. Une avance de 4 millions fut autorisée, remboursable lors de l'émission projetée d'obligations jusqu'à concurrence de 9 millions. Enfin, le nouvel emprunt de 1907 prévoit une somme de 13,500,000 francs, destiné à continuer les travaux de la voie de pénétration du Dahomey.

Fin 1905, la dépense totale atteignait 5,700,000 francs pour l'infrastructure, soit 20,000 fr. le kilomètre, et 12,000,000 de francs pour la superstructure, soit 45,000 fr. le kilomètre, ce qui porte le prix total de revient de chaque kilomètre à 65,000 fr.

A la fin de la même année, la recette-voyageurs était de 88,182 fr. 10 et la recette-marchandises, qui n'est guère plus élevée que la première, de 103,698 fr. 30. Dans le courant de 1905, il a été expédié, des différentes gares exploitées, 347,900 tonnes d'huile de palme, 1,888,600 d'amandes de palme et 548,220 de maïs.

Au point de vue économique, le chemin de fer est appelé à donner au Dahomey une vigoureuse impulsion. Il y a seulement quelques années, cette colonie n'avait aucune route carrossable et tous les transports étaient faits par des porteurs indigènes. Ce manque de voies de communication nuisait au développement d'un pays fertile comme le Dahomey, susceptible de produire en abondance l'huile et les amandes de palme, le caoutchouc, le coton, le karité, etc. La nouvelle ligne de pénétration est appelée à augmenter de beaucoup les échanges, tant intérieurs qu'extérieurs, et, en outre, elle permettra au gouvernement général de remplir son devoir de police et de pacification.

CHAPITRE VI

La question du Transsaharien.

Historique. — L'idée première d'un chemin de fer transsaharien fut conçue en 1859 par le commandant Hanoteau, depuis lors général. Elle fut reprise en 1879 par l'ingénieur en chef Duponchel, dans un livre intitulé « *Le chemin de fer transsaharien* ». L'apparition de cet ouvrage décida M. de Freycinet, alors ministre des travaux publics, à s'occuper de la question. Diverses missions furent envoyées dans le Sud-Algérien, notamment celle de l'ingénieur Choisy et celles du colonel Flatters, qui fut massacré dans le cours de sa deuxième expédition. Le problème ne fut de nouveau soulevé que vers 1890 par M. Georges Roland qui, en collaboration avec le général Philebert, publia un ouvrage sur « *La France et le Transsaharien* ». Actuellement, les renseignements fournis par les missions Foureau-Lamy, et la délimitation exacte des possessions européennes en Afrique, nous permettent de discuter avec plus de précision les avantages ou les inconvénients qu'offrirait la réalisation de cette immense entreprise.

Projets présentés. — Plusieurs tracés ont été proposés.

1° Le *tracé occidental*, devant partir d'Oran pour aboutir au Niger dans la région de Tombouctou. La ligne traverserait le Figuig, Igli, le Touat. La voie est déjà construite sur 660 kilomètres, puisqu'elle atteint Ben-Zireg. De plus, elle aurait un autre avantage, celui de traverser le désert dans sa moindre largeur (1,000 kilomètres). Les partisans de ce projet sont : MM. Pouyanne, Sabatier, Bouty, Camille Guy.

2° Le *tracé central*, qui partirait d'Alger et atteindrait le coude oriental de la boucle du Niger en traversant Berrouaghia, Laghouat, El Goleah. M. Duponchel, après avoir été pour l'exécution de cet itinéraire, se rallia au tracé occidental.

3° Le *tracé central* qui, de la province de Constantine (Philippeville), joindrait le Tchad tout en permettant un embranchement de Amguid à Bouroum (Niger). Ce projet, préconisé par MM. Georges Roland, le général Philebert, Paul Leroy-Beaulieu, Fock, aurait 2,600 kilomètres de longueur, dont plus de 300 construits.

4° Enfin un quatrième tracé, qui serait le plus court et par conséquent le moins dispendieux, mais qui aurait l'inconvénient de longer la frontière orientale de notre zône d'influence (Tripolitaine), dépourvue de sécurité, partirait du golfe de Gabès (Tunisie) pour atteindre le Tchad par

Ghamadès, Rhat, Bilma. Il est soutenu par MM. Blanc et Paul Bonnard.

Utilité du Transsaharien. — Pour déterminer le degré d'opportunité de ce chemin de fer, il importe de se placer séparément sur le terrain politique et stratégique, et sur le terrain économique.

Il est certain que, comme *instrument de pacification*, le Transsaharien présenterait une grande utilité, car il permettrait de lutter contre l'influence néfaste des chefs de tribus. Mais il semble qu'avec quelques expéditions militaires, on viendrait vite à bout des insurrections et du brigandage. C'est grâce à ces mesures de sécurité que les Touaregs deviennent de moins en moins pillards.

Ce chemin de fer aurait également des *avantages stratégiques*, car il relierait entre elles nos différentes possessions africaines. « Mais ne vaut-il pas mieux organiser solidement chaque agglomération et les pourvoir tout d'abord en propre de moyens de défense autonomes ? »

Si l'on envisage la question *au point de vue économique*, la thèse du Transsaharien est-elle soutenable ? Pour prouver sa nécessité, M. Paul Leroy-Beaulieu, dans différents articles de Revues (1) et dans son ouvrage (2), se base sur le rapport d'ensemble de la mission Foureau-Lamy ; il s'appuie notamment sur la conclusion du journal de M. Foureau, ainsi conçue : « Si l'on veut ne le considérer que

(1) Voyez *Revue des Deux-Mondes,* 1er juillet 1899, 1er octobre et 1er novembre 1902.

(2) Voyez *Le Sahara, le Soudan et les chemins de fer transsahariens* (1902).

comme instrument de domination (d'autres disent
un chemin de fer impérial, et c'est évidemment la
même chose), le Transsaharien, sous ce point de
vue spécial, serait alors une œuvre splendide,
aplanirait bien des difficultés, supprimerait bien
des obstacles. Ses apôtres le défendent avec vigueur et comptent bien que sa construction sera
la première affirmation de l'ardente activité du
xxᵉ siècle. » Et, après cette citation, M. Leroy-
Beaulieu s'écrie : « Cela suffit à notre cause (1). »
Mais il faut remaiquer que, dans cette conclusion,
M. Foureau ne se place que sur le terrain politique et stratégique ; il le fait suffisamment comprendre par les mots « sous ce point de vue spécial ». Son opinion sur les résultats économiques
de l'entreprise est sensiblement différente, à en
juger par cette phrase : « Considéré en tant qu'af-
faire commerciale, immobilisant forcément d'é-
normes capitaux, je n'ai qu'une très médiocre
confiance dans le rendement probable du Transsaharien devant le néant du trafic que j'entre-
vois. »

M. Leroy-Beaulieu nous parle de « magnifiques
possibilités » (2), de gisements probables, etc...,
tout en reconnaissant que, pour ce qui concerne
le trafic, « on ne peut l'évaluer avec exactitude
parce qu'il est presque tout entier à créer » (3) ;
mais ce ne sont là que des « possibilités », et
comme richesses présentes, on ne trouverait guère

(1) Voyez *Revue des Deux-Mondes,* 1ᵉʳ octobre 1902, pages
544 et 545.

(2) Voyez *Revue des Deux-Mondes,* 1ᵉʳ juillet 1899, p. 115.

(3) *Id.,* p. 109.

dans tout le Sahara que quelques centaines de
mille de palmiers, quelques pâturages et un petit
nombre de troupeaux. Quant aux mines de sel,
elles voient « leur exode de l'intérieur... diminuer
considérablement. Les indigènes des rives du
Niger feront bientôt venir le sel du Sénégal, au
lieu de l'acheter aux caravanes algériennes, et, au
fur et à mesure que les chemins de fer pénétre-
ront plus avant, plus cela se produira » (1). Enfin
l'accroissement des besoins de la population sera
en proportion du parti que l'on pourra tirer de
la mise en valeur du Sahara ; et comme l'avenir
de cette exploitation paraît limité, les besoins ne
prendront que peu d'extension.

Pour le moment, l'important est donc d'augmenter l'outillage économique de nos colonies, en
attendant des données plus précises et moins aléa-
toires pour jeter, tant pour la construction d'un
chemin de fer transsaharien que pour l'entretien
et l'exploitation de cette vaste entreprise, « plusieurs centaines de millions dans le désert, sans
espoir de les recouvrer ».

(1) Voyez de Renty. *Op. cit.*

TROISIÈME PARTIE

LE COMMERCE
EN AFRIQUE OCCIDENTALE FRANÇAISE

Le commerce est la manifestation de l'activité économique d'un pays. C'est en effet par les statistiques commerciales que l'on peut juger de la part prise par une nation ou une colonie à la vie mondiale pendant un temps déterminé. En jetant un coup d'œil sur le mouvement d'importation et d'exportation de l'Afrique occidentale, nous pourrons constater que la progression de ce double mouvement s'accentue d'année en année.

La production s'adapte parfaitement aux besoins et on peut la développer sans crainte, car des produits tels que l'arachide, le caoutchouc, le coton, sont toujours sûrs de trouver sur le marché un écoulement certain. D'un autre côté, cet accroissement d'exportations fait entrer de plus en plus d'argent dans nos colonies, ce qui explique la marche ascendante du mouvement d'importation.

Devant ces résultats nous ne devons pas regretter tout l'argent placé dans les entreprises coloniales; nous continuerons à pratiquer une culture de plus en plus intensive, à créer des voies de communication en nombre suffisant, car nous pouvons être certains que les débouchés seront toujours en proportion directe avec cette augmentation d'activité. Il faut bien compter avec les crises ; mais une sage réglementation en aura vite raison et constituera un excellent palliatif.

Dans cette partie, nous nous proposons d'étudier :

Chapitre premier. — *Le commerce général.*
Chapitre II. — *Le commerce d'importation.*
Chapitre III. — *Le commerce d'exportation.*
Chapitre IV. — *Le mouvement de la navigation.*
Chapitre V. — *Le régime douanier.*

CHAPITRE PREMIER

Le commerce général.

L'organisation économique de l'Afrique occidentale devient d'année en année plus solide : tout a été mis en œuvre « pour tirer le meilleur parti des ressources naturelles et préparer l'exploitation de nouvelles richesses ». Ce développement a sa répercussion sur le commerce, et les chiffres que nous donnons ci-après montrent la progression rapide du mouvement commercial extérieur de l'Afrique occidentale française et de chacune des colonies qui la composent.

COMMERCE GÉNÉRAL DE L'AFRIQUE OCCIDENTALE
(milliers de francs) de 1898 à 1905 inclus.

Années	IMPORTATIONS DE MARCHANDISES				EXPORTATIONS DE MARCHANDISES				Totaux généraux
	Françaises venant		Etrangères venant de France et de l'étranger	Totaux	Pour la France	Pour les colonies franç.	Pour l'étrang.	Totaux	
	de France	des colonies franç.							
1898	17.849	2.343	33.076	53.268	20.653	»	21.262	45.382	98.650
1899	25.810	3.739	39.704	69.253	21 989	250	25 355	47 594	116.847
1900	25.072	2.943	41.047	69 062	31 754	305	20.744	60.803	129.864
1901	34.470	2.946	42.399	80.815	26.778	192	23.678	50.648	131.463
1902	29.166	2.286	42.039	73.491	28.319	320	28.781	57 420	120.911
1903	35 878	2.905	51.166	89 948	37 441	298	34.136	71.874	161.823
1904	39 208	3.106	48.600	90.913	29.915	283	34.846	65.039	155.952
1905	41.582	3.847	51 437	96.867	26.671	301	29.235	56.208	153.075

(Statistiques coloniales du Ministère des Colonies).

Le mouvement général du commerce de l'Afrique occidentale qui, en 1897, n'était que de 80 millions de francs, a doublé depuis cette époque, puisqu'en 1905 il atteint 153,075,000 fr. Toutefois, les chiffres de cette dernière année sont en diminution de 8,758,000 fr. sur ceux de 1903, et de 2,877,000 fr. sur ceux de 1904.

Les importations françaises augmentent de plus en plus, mais il n'en est pas de même des exportations, et le commerce étranger avec nos colonies est supérieur à celui de la France (1).

La baisse de 10 millions sur les exportations de 1901 a été amenée par une épidémie de fièvre jaune et par la crise du caoutchouc. Celle de 9 millions qui s'est produite en 1905 provient uniquement d'une diminution des exportations de près de 9 millions sur l'année précédente. Elle est due à la mauvaise récolte des arachides au Sénégal, et à la sécheresse à la Côte-d'Ivoire et au Dahomey. Les importations, au contraire, accusent une augmentation de près de 6 millions.

Le mouvement commercial de l'Afrique occidentale comparé à celui des autres colonies françaises en 1905, tient le deuxième rang. L'Indo-Chine vient en première ligne avec 43 o/o ; l'Afrique occidentale arrive ensuite avec 20 o/o, suivie par Madagascar, avec 7 o/o.

(1) En 1905, la part de la France dans le mouvement commercial de l'Afrique occidentale a été de 45,2 % du commerce total, soit 42,9 % de l'importation et 47,5 % de l'exportation, alors que les échanges avec les pays étrangers peuvent être évalués à 52, 4 % du commerce total ; 53,1 % de l'importation et 51,8 % de l'exportation. Le commerce avec les autres colonies françaises a été de 2,4 % (4 % des marchandises importées et 0,7 % des marchandises exportées).

Nous allons maintenant rechercher quelle est la part de chaque colonie dans le commerce général de l'Afrique occidentale.

Sénégal, Soudan (1), *Haut-Sénégal et Niger.*

MOUVEMENT COMMERCIAL (*en milliers de francs*).

Années	IMPORTATIONS DE MARCHANDISES				EXPORTATIONS DE MARCHANDISES				Totaux généraux
	Françaises venant		Etrangères venant de France et de l'étranger	Totaux	Pour la France	Pour les colonies franç.	Pour l'étrang.	Totaux	
	de France	des colonies franç.							
1898	13.631	2 308	14.640	30.579	16 119	3.383	5.674	25.177	55.756
1899	20.235	3.692	15.630	39.559	15.248	164	4.561	19.974	59.533
1900	17.851	2 895	14 817	35.563	24.169	84	5 709	29 964	65.527
1901	27.880	3 817	20 848	52.545	19.886	77	6.371	26.335	78.880
1902	18.223	2.210	15.426	35 870	19.700	66	5.796	25.563	61.433
1903	25.800	2.809	20 053	51.663	29.217	59	11.353	40.630	92.293
1904	25.785	3 026	21 035	49.847	19.928	199	9 793	29 921	79.767
1905	26.679	3 785	22.850	53 315	17 043	236	7.284	24.564	77.879

(Statistiques du Ministère des Colonies).

Le tableau ci-dessus accuse en 1903 un mouvement commercial bien supérieur à celui des années précédentes et suivantes. Cela tient à l'excellente récolte d'arachides de 1902 et à son facile écoulement, malgré une baisse des cours. De plus, cette année-là, l'exploitation du caoutchouc dans la Casamance commença à donner des résultats appréciables. La dépression de la courbe des exportations en 1904 provient de la sécheresse de 1903,

(1) Les statistiques du ministère des Colonies ne renferment pas à part le mouvement du commerce extérieur du Haut-Sénégal et Niger.

— 226 —

qui amena une diminution considérable de la quantité de la récolte. Celles de 1905 est due aux pluies tardives qui, à la fin de l'hivernage, occasionnèrent la perte d'un grand nombre de graines. Néanmoins, le commerce a presque doublé en dix ans, puisqu'en 1895 il n'était que de 40,703,000 francs (1).

Guinée française.

MOUVEMENT COMMERCIAL *(en milliers de francs).*

Années	IMPORTATIONS DE MARCHANDISES				EXPORTATIONS DE MARCHANDISES				Totaux généraux
	Françaises venant		Etrangères venant de France et de l'étranger	Totaux	Pour la France	Pour les colonies franç.	Pour l'étrang.	Totaux	
	de France	des colonies franç.							
1898	1 322	26	6.866	8.214	421	74	7.245	7.740	15.954
1899	2.654	44	10.901	13.599	610	68	8 427	9.105	22.704
1900	2.891	30	9.520	12.441	1.080	219	8.789	10.088	22.529
1901	2.970	99	4 252	7.321	1.076	96	6.558	7.730	15.051
1902	5.969	39	6.633	12 641	2 053	152	9 049	11.254	23.895
1903	5.919	55	11.969	17.943	2.626	214	11.250	14.090	32.033
1904	4.738	53	10 011	14.802	2 622	37	11.016	13 675	28.477
1905	7.626	30	11.267	18.925	4 813	44	11 517	16.373	35.298

(Statistiques du Ministère des Colonies).

La légère crise du commerce de 1904 n'a pas eu de répercussion sur l'année 1905, puisque le mouvement commercial, qui, de 1902 à 1903, augmentait de près de 10 millions, s'accroît, en

(1) En 1905, la part de la France dans le mouvement commercial peut être estimée à 59,7 °/₀ du commerce total (50 °/₀ de l'importation et 69,3 °/₀ de l'exportation); celle des autres colonies françaises, à 4,1 °/₀ (7,2 °/₀ de l'importation et 1,1 °/₀ de l'exportation) et celle des pays étrangers à 36 2 °/₀ (42,8 °/₀ de l'importation et 29,6 °/₀ de l'exportation).

1905, de plus de 3 millions sur le total de cette dernière année. De même, la crise précédente de 1901, due à la frande du caoutchouc et qui causa une dépression de plus de 7 millions sur le mouvement général, fut enrayée dès l'année suivante où les chiffres montèrent de 22,529,000 fr. en 1900 et 15,061,000 fr. en 1901, à 23,895,000 fr. La Guinée est en voie de progression rapide, puisque les échanges, qui, en 1895, étaient de 10,303,279 fr. atteignent en 1905 35,298,475 fr.; ils ont donc plus que triplé en dix ans (1).

Côte-d'Ivoire.

MOUVEMENT COMMERCIAL *(en milliers de francs).*

Années	IMPORTATIONS DE MARCHANDISES				EXPORTATIONS DE MARCHANDISES				Totaux généraux
	Françaises venant		Étrangères venant de France et de l'étranger	Totaux	Pour la France	Pour les colonies franç.	Pour l'étrang.	Totaux	
	de France	des colonies franç.							
1898	1.033	8	3.985	5.028	1.935	»	3.090	5.026	10.054
1899	1 224	1	4.221	5.447	2.697	9	3,110	5.816	11.264
1900	1.488	15	6.115	7.618	1 731	1	6.320	8 052	15.671
1901	1.557	29	4 597	6.184	1.810	16	4 392	6 218	12.402
1902	2 144	37	7 068	9.250	2.408	9	4.637	7.054	16.304
1903	2.069	40	6.969	9.078	2.566	8	5.038	7.613	16.691
1904	6.915	25	8.642	15.583	2.607	22	6.656	10.287	25.870
1905	4.815	32	9.048	13.895	2.106	2	5.527	7.636	21.531

(Statistiques du Ministère des Colonies).

La baisse de plus de 4 millions que l'on constate

(1) La part de la France dans le mouvement commercial de la Guinée a été en 1905 : de 35 % du commerce total (4,4 % de l'importation et 29,6 % de l'exportation); celle des autres colonies de 0,5 % (0,6 % de l'importation et 0,4 % de l'exportation. Les échanges avec les pays étrangers peuvent être chiffrés à 64,5 % du commerce total (59 % de l'importation, 70 % de l'exportation).

en 1905 ne provient pas d'une crise économique, mais de ce que l'année précédente avait été une année exceptionnelle, qui avait fait hausser de près de 10 millions le mouvement commercial de la Côte-d'Ivoire. Celle de 1901 est due aux épidémies qui ont ravagé la colonie. Mais somme toute la progression a été constante, et depuis 1895, où le chiffre total du commerce était de 6,700,000 fr., les échanges ont presque quadruplé (1).

Dahomey.

MOUVEMENT COMMERCIAL *(en milliers de francs)*.

| Années | IMPORTATIONS DE MARCHANDISES | | | | EXPORTATIONS DE MARCHANDISES EN PRODUITS DU CRU OU IMPORTÉS | | | | Totaux généraux |
| | Françaises venant | | Étrangères venant de France et de l'étranger | Totaux | Pour la France | Pour les colonies franç. | Pour l'étrang. | Totaux | |
	de France	des colonies franç.							
1898	1.862	»	7.584	9.446	2.178	9	5.251	7.438	16.885
1899	1.696	»	8.951	10.648	3.434	8	9.256	12 698	23.346
1900	2.842	2	10 593	13.438	4.773	»	7 925	12.698	26.136
1901	2.061	»	12.702	14 763	4.006	3	6.356	10.366	25.129
1902	2.819	»	12.910	15 730	4.157	91	9.299	13.549	29.278
1903	2.049	»	9 175	11.264	3.031	15	6 493	9 540	20.804
1904	1.776	»	8.904	10.681	3 758	24	7.374	11.156	21.837
1905	2.461	»	8.271	10.732	2.709	17	4.907	7.634	18.366

(Statistiques du Ministère des Colonies).

La crise de 1905 est la conséquence de sécheresses consécutives qui ont déterminé une baisse

(1) En 1905, la part de la France dans le mouvement commercial de la Côte-d'Ivoire peut être évaluée à 31 °/₀ du commerce total (34,5 °/₀ de l'importation et 27,5 °/₀ de l'exportation); celle des autres colonies françaises à 0,2 °/₀ (0,4 °/° de l'importation et 0.1 °/₀ de l'exportation); celles des pays étrangers, à 68,8 °/₀ (05,1 °/₀ de l'importation et 72,4 °/₀ de l'exportation).

de plus de 4 millions sur les exportations de l'année précédente. Il en est de même des diminutions constatées en 1903 et 1904. Mais on peut espérer un relèvement certain du chiffre des échanges, ces crises n'étant dues qu'à des causes fortuites et passagères. C'est en 1902 que le mouvement commercial du Dahomey a atteint son apogée, avec le chiffre de 29,278,000 fr. Mais ce chiffre, d'ici un petit nombre d'années, ne tardera pas à être de beaucoup dépassé (1).

Ainsi, de toutes nos colonies de l'Afrique occidentale, envisagées au point de vue de leur mouvement commercial général en 1905, ce sont le Sénégal et le Haut-Sénégal et Niger qui tiennent tête avec le chiffre de 77,879,000 fr. Puis vient la Guinée avec 35,298,000 fr. Depuis 1904, la Côte-d'Ivoire a dépassé le Dahomey. Alors qu'en 1902 et 1903, le commerce de cette dernière colonie s'élevait à 29,278,000 fr. et 20,804,000 fr. contre 16,304,000 fr. et 16,691,000 fr. à la Côte-d'Ivoire, en 1904 et 1905, il est de 21,837,000 fr. et 18,366,000 fr., tandis qu'à la Côte-d'Ivoire il atteint 25,870,000 fr. et 21,531,000 fr.

Quant aux importations, ces colonies se placent également dans le même ordre : le Sénégal-Soudan avec 53,315,000 fr., la Guinée avec 18 millions 924,000 fr., la Côte-d'Ivoire avec 13,895,000

---

(1) En 1605, la part de la France dans le mouvement commercial du Dahomey a été de 29,2 °/₀ du commerce total (22,9 °/₀ de l'importation et 35,5 °/₀ de l'exportation); celle des autres colonies françaises, de 1 °/₀ (0 °/₀ de l'importation et 2 °/₀ de l'exportation), et celle des pays étrangers, de 70,7 °/₀ (77,1 °/₀ de l'importation et 64,3 °/₀ de l'exportation).

francs, et le Dahomey avec 10,732,000 fr. L'ordre des exportations est également le même : le Sénégal arrive en première ligne avec 24,564,000 fr., puis la Guinée avec 16,373,000 fr. Depuis 1905, la Côte-d'Ivoire tient le troisième rang, avec 7,636,000 fr., suivie par le Dahomey avec 7 millions 634,000 fr. En 1904, le Dahomey venait avant la Côte-d'Ivoire avec 11,156,000 fr. contre 10,287,000 fr. à cette dernière colonie. Cette différence de près de un million s'est chiffrée en 1905 par un excédent de 2,000 fr. en faveur de la Côte-d'Ivoire. Ce sont les crises occasionnées par la sécheresse qui sont cause de cette brusque dégression.

CHAPITRE II

Le commerce d'importation.

Le commerce d'importation augmente de plus en plus en Afrique occidentale française. En 1895, il n'était que de 46,882,673 francs ; en 1905, il atteint 96,867,339 francs. Ces chiffres nous prouvent qu'en dix ans il a plus que doublé, et cela est bien compréhensible, car plus les exportations progressent et font entrer d'argent dans nos colonies, plus les besoins s'accroissent. Les importations portent principalement sur les étoffes, les boissons, la verroterie, les matériaux, etc... Le Soudan importe également une notable quantité de sel. Les chiffres ci-dessous donneront une idée de l'importance respective de ce mouvement en Afrique occidentale.

Voici d'abord la proportion de l'importation des dix principaux produits ou catégories de produits, qui forment à eux seuls les 75 o/o des importatations totales de l'Afrique occidentale française :

Tissus...................... 33   0/0
Ouvrages en métaux........ 8   0/0
Machines et mécaniques.... 7   0/0
Colas 5.2 0/0
Tabacs...................... 5.2 0/0
Riz 4.5 0/0
Alcools 3   0/0
Armes et munitions........ 2 7 0/0
Matériaux de construction... 2.5 0/0
Sucres..................... 2.3 0/0
Vins 2.3 0/0

Ce sont les tissus qui viennent de beaucoup
en première ligne : leurs importations totales de
20 millions de francs en 1902 ont passé en 1905
à 30 millions. Les ouvrages en métaux, les machines et mécaniques, tiennent le second rang ;
la proportion de l'alcool n'est que de 3 o/o.

Dans les tableaux suivants, nous montrons l'importance de ce mouvement pour chacun des principaux articles dans les différentes colonies de
l'Afrique occidentale.

Sénégal, Haut-Sénégal et Niger.

PRINCIPALES MARCHANDISES IMPORTÉES

(en milliers de francs).

DÉSIGNATION DES ARTICLES	1900	1901	1902	1903	1904	1905
Farineux alimentaires..	2.727	7.338	2.717	»	3 514	3.785
Denrées de consommation ...	2.596	4.927	3 094	5.487	2.990	3 592
Boissons	1.889	2.178	2 199	»	2 529	2.948
Ouvrages en métaux....	4.017	3.631	4.436	2 883	4.913	3.745
Tissus..................	13.985	18 849	9.843	15 370	15 618	19.210

L'importation des autres produits principaux peut ainsi se répartir en 1904 et 1905 :

	1904	1905
Fruits et graines....	4.047.404 fr.	2.566.832 fr.
Huiles et sucs végétaux.........	1.225.792 fr.	1.399.634 fr.
Métaux	761.245 fr.	1.078.844 fr.
Fils...... ...:	1.001.440 fr.	1.063.706 fr.
Armes, poudres et munitions....	624.684 fr.	858.079 fr.
Papier et ses applications ......-.	316.323 fr.	416.287 fr.
Verres et cristaux	433.874 fr.	262.455 fr.
Sels ... ..-...	»	380.000 fr.

L'augmentation des denrées de consommation en 1903 provient d'approvisionnements considérables en sucre faits par la colonie pour bénéficier de la prime à l'exportation. Cette prime fut supprimée le 1ᵉʳ septembre 1903, en vertu de la convention de Bruxelles. La diminution d'importation des ouvrages en métaux, la même année, provient de ce que, en 1902, l'Etat fit une grosse commande de matériel pour le chemin de fer du Niger, lequel, à cause du défaut de crue du Sénégal, n'a pu être enlevé qu'en 1903.

Parmi les différents pays, c'est la France, puis l'Angleterre, qui sont les principales exportatrices de tissus. La France vient de beaucoup en première ligne pour les vins. Quant aux alcools de traite, nous n'en importons pas la centième partie ; ils proviennent presque totalement de l'Allemagne. Cela tient à la chèreté de nos alcools et au genre de récipients employés pour l'expédition : ceux-ci donnent lieu à un fort coulage qui ne se produit pas avec les fûts allemands.

Si l'on compare le chiffre total des importations

du Sénégal en 1904 (49,846,739 francs) à celui de 1905 (53,314,778 francs), on constate un accroissement de 3 millions et demi, dû à la forte progression des tissus qui, de 15,618,229 francs en 1904, passent à 19,210,119 francs en 1905.

En 1895, la part du commerce français dans les importations est de 54 o/o (15,199,858 fr. 90 sur 28,268,054 fr. 12); en 1900, de 62 o/o environ (29,092,612 francs sur 46,805,147 francs) ; et enfin, en 1905, de 50 o/o (26,679,567 francs sur 53,314,778 francs). Mais si l'on défalque certains produits que la métropole ne peut fournir, tels que : kolas, tabacs, cafés, huile de coton, houille, la part de la France s'élève considérablement.

Guinée.

PRINCIPALES MARCHANDISES IMPORTÉES

en 1904 et 1905.

	1904	1905
Farineux alimentaires	1.041.485 fr.	1.176.467 fr.
Fruits et graines (espèces médicinales, noix de kola)	793 494 fr.	2 021.170 fr.
Denrées coloniales de consommation	479.715 fr.	623.871 fr.
Huiles et sucs végétaux	185.854 fr.	243.258 fr.
Boissons	526.085 fr.	588.366 fr.
Métaux	212.413 fr.	1.157.506 fr.
Fils	42.800 fr.	52 561 fr.
Tissus	5.785.133 fr.	6.158.942 fr.
Papier et ses applications	56.118 fr.	155.518 fr.
Ouvrages en métaux	1 918.296 fr.	3 305.429 fr.
Armes, poudres, munitions	569.776 fr.	725.885 fr.
Verres et cristaux	564.200 fr.	273.828 fr.

Le total des importations en 1904 étant de

14,802,063 fr. et de 18,924,814 francs en 1905 (1), la progression, en une seule année, est donc de plus de 4 millions. Elle est due surtout à l'énorme augmentation de l'importation des métaux, ouvrages en métaux, et noix de kola.

La part du commerce français à l'importation s'est considérablement accrue depuis 1895. Les chiffres suivants sont là pour l'établir :

	Importations françaises	Total des importations	Tant pour cent.
En 1895	712.640 fr.	5.072.903 fr.	14 0/0
En 1900	2.890.518 fr.	12.441.626 fr.	23 0/0
En 1905	7.723.000 fr.	18.924.814 fr.	41 0/0

Et si l'on déduit les kolas et les denrées coloniales, le tant pour cent, de 41, irait à 50.

Côte-d'Ivoire.

PRINCIPALES MARCHANDISES IMPORTÉES
en 1904 et 1905.

	1904	1905
Farineux alimentaires	829.119 fr.	797.076 fr.
Denrées coloniales de consommation	442.232 fr.	591.495 fr.
Boissons	2.101.432 fr.	1.435.252 fr.
Ouvrages en métaux	4.476.268 fr.	2.959.225 fr.
Tissus	2.766.180 fr.	3.805.693 fr.
Fruits et graines............	9.351 fr.	16.903 fr.
Huiles et sucs végétaux	59.883 fr.	52.475 fr.
Métaux	337.259 fr.	344.507 fr.
Fils	158.463 fr.	140.070 fr.
Armes, poudres et munitions...	676.635 fr.	276.783 fr.
Papier et ses applications	62.836 fr.	56.977 fr.
Verres et cristaux	234.354 fr.	277.266 fr.

(1) Les tissus représentent à eux seuls le tiers des importations totales.

En 1904, les importations totales atteignaient 15,583,382 francs ; mais une baisse de plus de plus de 1 million et demi s'est fait sentir en 1905 (13,895,337 francs) (1). Elle est due aux hésitations qui ont suivi la promulgation du décret du 14 avril 1906, qui a unifié les tarifs de l'Afrique occidentale et relevé le taux des divers droits : mais le commerce s'est ressaisi et le ralentissement prévu a été de courte durée.

En 1795, la part du commerce français dans les importations était de 11 o/o (366,354 francs sur 2,999,596 fr.); en 1900 de 20 o/o (2,401,481 fr. sur 9,080,873 fr.). En 1905 elle atteint 35 o/o, (4,815,269 fr. sur 13,895,337 fr.).

On peut faire la même remarque que précédemment à propos de la défalcation des denrées coloniales.

Dahomey.

PRINCIPALES MARCHANDISES IMPORTÉES
en 1904 et 1905.

	1904	1905
Farineux alimentaires . .	287,571 francs.	345,061 francs.
Denrées coloniales de consommation	1,114,352 –	835,935 —
Boissons	1,588,716 —	1,114,436 —
Ouvrages en métaux. . .	1,074,684 —	1,585,499 —
Tissus.	2,919,434 —	3,714,686 —
Fruits et graines	152,794 —	128,940 —
Huiles et sucs végétaux .	54,420 —	40,211 —
Métaux	280,384 —	208,061 —

(1) Les importations d'ouvrages en métaux, tissus, boissons constituent les deux tiers environ des importations totales. L'importation des ouvrages en métaux vient en première ligne, bien qu'elle ait subi une forte baisse en 1905.

	1904	1905
Fils	233,741 francs	246,830 francs.
Armes, poudres et muni-tions.	281,143 —	272,963 —
Papier et ses applications.	44,963 —	48,465 —
Verres et cristaux	178,408 —	127,885 —

Le chiffre total des importations de 1904 est de 10,681,238 fr., et celui de 1905 de 10,732,524 fr. Il y a donc une légère progression qui est surtout due à l'augmentation de l'importation des tissus de coton, des huiles de pétrole, des ciments; mais il y a une notable diminution en ce qui concerne les sucres, les tabacs, les sels, la poterie, les verres et cristaux.

Les importations françaises ont suivi une marche dégressive depuis 1895; alors que cette année elles étaient de 34 o/o (3,407,985 fr. 01 c. sur 10,542,220 fr. 70), en 1900 elles tombent à 20 o/o (3,282,640 fr. sur 15,221,419 fr.) pour se relever légèrement en 1905 à 22,9 o/o (2,461,276 fr. sur 10,732,524 fr.).

CHAPITRE III

Le commerce d'exportation.

Le commerce d'exportation se développe paral-
lèlement à celui d'importation, et même proportionnellement le développement du premier a été
plus rapide que celui du second (1). Et il ira toujours
en croissant avec le progrès des voies de communication et l'augmentation du nombre des productions, augmentation qui permettra d'échapper au
danger de la monoculture. En 1905 cette extension
est considérable. « Au Sénégal, les produits autres
que l'arachide, les caoutchoucs, les animaux vivants, produits et dépouilles d'animaux, tissus
indigènes, sont en augmentation. En Guinée, les
animaux vivants, dont l'exportation atteint un
million, les produits et dépouilles d'animaux, les
sésames, en augmentation cette année de 500,000
francs, les tissus du pays, les gommes, s'ajoutent
aux caoutchoucs qui forment la base des exportations. A la Côte-d'Ivoire, l'exportation de l'acajou

(1) On compte déjà sur la côte de nombreux comptoirs qui,
peu à peu, établissent des factoreries à l'intérieur.

sans cesse grandissante, au Dahomey, le maïs, dont l'exportation a décuplé cette année, telles sont, en attendant le coton, quelques-unes des productions qui n'attendent que des moyens de transport pour se développer (1). »

Nous diviserons ce chapitre en deux parties. Dans la première, nous verrons quel est le mouvement des principaux produits d'exportation en Afrique occidentale française. Dans la seconde, nous étudierons sommairement la question des marchés de caoutchouc européens.

I. Principaux produits d'exportation.

Ces produits sont constitués par une partie des cultures que nous avons étudiées dans notre première partie, c'est-à-dire l'arachide, le caoutchouc, le coton, l'huile de palme, la gomme copale, le coprah, les sésames, l'acajou, etc. Il faut leur ajouter certaines richesses naturelles ou animales telles que la poudre d'or, l'ivoire, les plumes, etc.

Voici la proportion des exportations totales de l'Afrique occidentale :

Arachides	35 0⁄0
Caoutchouc	26 -
Amandes de palme	15 -
Huile de palme	10 —
Gomme	3 —
Animaux vivants	1,5 —
Produits et dépouilles d'animaux	1 —
Pêches	1 —

(1) Rapport de M. Lucien Hubert à la Chambre des députés (22 novembre 1906), p. 73.

Ainsi les arachides et le caoutchouc forment à eux seuls près des deux tiers de l'exportation.

De même que pour le commerce d'importation, nous passerons successivement en revue le mouvement de ces produits dans chacune des colonies de l'Afrique occidentale.

Sénégal, Haut-Sénégal et Niger.

PRINCIPALES MARCHANDISES EXPORTÉES

DÉSIGNATION DES ARTICLES	1898	1899	1900	1901	1902	1903	1904	1905
	francs	francs	francs	francs	francs	francs	francs	francs
Peaux brutes de bœufs.	1.890	12.088	6.782	7.024	16.300	19.098	35.705	52.511
Peaux et plumes d'oiseaux	223.843	127.583	78.568	28.995	30.442	61.498	35.331	.42.370
Dents d éléphants......	51.823	41.520	28.064	17.632	30.331	40.672	92.301	189.000
Arachides	43.615.056	12.119.072	24.240.305	21.117.249	20.524.756	34.674.782	21.320.189	14.851.224[1]
Amandes de palme	93.710	61.774	64.584	109.939	73.737	115.862	144.424	162.000
Gommes................	4.466.245	3.525.593	2.336.002	2.910.948	1.647.018	996.773	1.120.881	1.237.000
Caoutchouc	1.191.849	2.221.444	2.436.567	1.107.883	2.195.933	3.268.132	4.002.265	4.698.000[2]
Or de Galam	386.598	545.319	166.254	152.010	103.587	570.093	647.483	602.000

On est frappé de la baisse considérable de l'exportation des arachides en 1905, qui est de près de 6 millions et demi sur celle de l'année 1904, et qui a eu sa répercussion sur le total des exportations. La faute en est aux pluies de la fin de l'hivernage. D'autre part, si on compare les chiffres des années 1895, 1896 et 1897 avec ceux de 1903, on peut constater dans quelle énorme

(1) En 1904 la France a importé pour 14,356,386 fr. d'arachides venant du Sénégal sur 21,320,189 fr., et en 1905 pour 10,682,031 fr. sur 14,851,224 fr.

(2) En 1904, les importations françaises de caoutchouc de la Casamance ou du Soudan ont été de 3,522, 893 fr. sur 4,002,265 francs, et en 1905 de 3,983,131 fr. sur 4,700,010 fr.

proportion le commerce de ces graines a augmenté.
En 1895, les exportations étaient de 7,675,518 fr. ;
en 1896, de 9,146,012 fr. ; en 1897, de 8,336,656
francs, tandis qu'en 1903 elles atteignent le chiffre
énorme de 34,574,782 fr. Il y a tout lieu d'espérer
que malgré la crise de 1905 ce chiffre ne tardera
pas à être dépassé, surtout lorsque la ligne Thyès-
Kayes sera mise en exploitation. Quant au caoutchouc, alors qu'en 1897 le montant de son exportation n'était que de 545,413 fr., en 1898 il fait
plus que doubler en passant à 1,191,849 fr. La
progression augmente les années suivantes pour
atteindre en 1905 le chiffre de 4,698,000 fr. Cette
marche ascendante continuera-t-elle ? Cela dépend
du mode de récolte des peuplements existants et
de la création de peuplements nouveaux. Si les
lianes sont exploitées d'une façon rationnelle, si
on ne les détruit pas pour en tirer le rendement
maximum, si d'un autre côté on fait de nouvelles
plantations, ce progrès s'accentuera. Si au contraire on pratique une exploitation intensive sans
se préoccuper de l'avenir, on aboutira à l'épuisement des plantes à caoutchouc, ce qui fera baisser
considérablement le diagramme des exportations.
Les gommes subissent une marche dégressive.
Alors qu'en 1897 le Sénégal en exportait pour une
valeur de 4,721,495 fr., en 1905 ce chiffre est des-
cendu à 1,237,000 fr. A quelle cause attribuer ce
fléchissement ? Il faut la rechercher dans ce fait que
les gommes ont vu leur prix s'abaisser considérablement. Alors que le kilogramme valait 1 fr. en
1899, ce prix est tombé actuellement à 0 fr. 30.
Cela provient de la concurrence faite par les gom-

mes égyptiennes. Au Dahomey, la gomme de Tombouctou ne peut même plus supporter les frais de transport. Le commerce de ce produit est donc compromis en Sénégambie. L'exportation des autres marchandises a généralement été en progressant.

La part du commerce français à l'exportation est de 70 o/o.

Guinée.

Les trois tableaux ci-dessous permettront de se rendre compte de l'évolution du commerce d'exportation de cette colonie de 1897 à 1905 inclus.

A) PRODUITS OLÉIFÈRES

Années.	PALMISTES	HUILE de Palme.	SÉSAMES	ARACHIDES	NOIX de Kola.
	francs	francs	francs	francs	francs
1897	435.936	59.691	108.681	23.885	62.649
1898	398.749	49.683	82.953	65.699	37.631
1899	413.337	28.186	25.353	133.474	40.195
1900	476.909	24.612	40 336	118.520	168.552
1901	420.669	79.681	67.228	106.257	46.813
1902	578 776	79.934	75.402	184.567	85.564
1903	563.902	38.697	123.785	264.601	44.716
1904	571.121	27.363	74.934	42 965	49.832
1905	561.972	9.105	466.977	14.935	114.832

B) PRODUITS ANIMAUX

Années.	BŒUFS vivants.	MOUTONS ET CHÈVRES	PEAUX brutes.	CIRE	IVOIRE
	francs	francs	francs	francs	francs
1897	488.160	26.015	234.706	17.889	27.112
1898	513.440	24.510	233.738	34.406	35.315
1899	866.330	16.380	209.662	42 541	36.977
1900	1.000 525	13.575	220.553	21.438	31.297
1901	1.076.950	26.830	261.553	29.855	38.665
1902	849.905	29.435	226.604	41.519	59.566
1903	805.525	21.215	205.549	43.525	39 750
1904	851.200	19.080	196.474	40.902	39.585
1905	923.200	30.285	368.449	37.877	36.220

C) CAOUTCHOUC ET GOMME

Années.	GOMME	CAOUTCHOUC					
		POIDS	VALEUR	PART DE			
				France et colonies	Sierra Leone.	Allemagne.	Angleterre.	Autres pays.
	francs	kilogs	francs	francs	francs	francs	francs	francs
1897	266.389	1.224.995	4.899.979	406.620	2.720.585	735.030	1.037.728	»
1898	267.746	1.187.837	5.939.186	159.659	494.746	877.153	4.407.628	»
1899	255.288	1.398.711	6.993.577	398.570	370.861	1.090.558	4.972.785	160.803
1900	233.800	1.464.340	7.321.703	788.081	172.510	1.684.612	4.268.522	407.978
1901	236.833	1.038.808	5.493.041	769.176	43.205	1.340.938	2.912.070	127.652
1902	257.414	1.154.895	8.661.699	1.654.843	10.365	2.359.620	4.512.173	24.698
1903	236.360	1.467.722	11.388.798	2.240.163	15.725	3.001.654	6.130.851	707
1904	188.757	1.382.218	10.860.736	2.371.264	54.869	2.667.945	5.429.593	337.015
1905	224.294	1.415.828	12.742.452	»	»	»	»	»

En 1904, on remarque une diminutiou des exportations, qui peut se chiffrer à 367,000 francs. Cette diminution porte principalement sur les sésames, les arachides et la gomme. Mais elle a été atténuée par une sortie plus active de marchandises nationalisées par le payement des droits et exportées dans les pays voisins par les frontières terrestres. En 1905, au contraire, il y a eu une notable augmentation sur les exportations des années précédentes, puisque celles-ci passent de 7,729,599 francs en 1901, à 11,253,889 francs en 1902, à 14,000,743 francs en 1903, à 11,016,236 francs en 1904, et à 16,373,000 francs en 1905. Cette augmentation est due à l'accroissement considérable du chiffre des sésames, des noix de kola, des peaux brutes ; quant au caoutchouc, le chiffre des exportations sur l'Allemagne a haussé énormément. Sur la France, on remarque également un rapide accroissement à partir de 1902. Sur l'Angleterre, le commerce s'est maintenu.

Sur la Sierra-Leone, depuis 1897 il s'est abaissé de façon sensible, bien qu'il ait un peu repris en 1904.

Les exportations totales continuent à progresser, puisqu'elles passent de 10,860,736 francs en 1904 à 12,742,452 francs en 1905.

On peut faire à ce point de vue la même observation que pour le Sénégal et le Soudan et dire que ce mouvement ascendant est lié à une exploitation rationnelle des peuplements existants et à la constitution de peuplements nouveaux.

La part du commerce français à l'exportation, qui, en 1900, était de 13 o/o, a atteint en 1905 30 o/o.

Côte-d'Ivoire.

PRINCIPALES MARCHANDISES EXPORTÉES
(en milliers de francs).

ANNÉES	Huile de Palme	Caoutchouc	Amandes de Palme	Poudre d'or	Acajou
1898	1.546	1.302	384	313	1.167
1899	1.827	2.849	334	104	640
1901	1 714	2.819	505	64	962
1902	2.101	3.648	581	91	502
1903	1.654	4 207	483	13	677
1904	2.453	6 535	572	»	588
1905	1.147	5.255	552	7	551

En 1905, le chiffre total des exportations est de 7,635,753 francs, alors qu'en 1904 il atteignait 10,286,743 francs. Il est donc en baisse de près de trois millions. Deux faits importants expliquent cette marche dégressive : la sécheresse et l'application du nouveau régime douanier. Malgré ce recul, on constate une augmentation considérable sur la moyenne quinquennale antérieure à 1904. D'une manière générale, il y a accroissement des chiffres de l'exportation de chacune des marchandises, sauf pour ceux de l'acajou et de la poudre d'or, qui semblent au contraire avoir une tendance à diminuer. Cet accroissement est surtout manifeste pour le caoutchouc : son exportation, qui en 1898 avait une valeur totale de 1,302,000 francs, est en 1904 de 6,514,000 francs et en 1905 de 5,255,266 francs. En une période de sept ans elle a donc augmenté de plus de 4 millions.

En 1905, la part de la France à l'exportation a été de 27,6 o/o.

Dahomey.

PRINCIPALES MARCHANDISES EXPORTÉES

Années	Amandes de palme	Huile de palme	Coprahs	Caoutchouc	Kolas	Poissons secs et fumés
	francs	francs	francs	francs	francs	francs
1898	4.251.481	2.726.799	17.343	13.719	24.695	64.000
1899	6 755.294	5.066.293	60.608	14.455	43.348	267 000
1900	6.595.812	5.352.215	44.116	99 375	80.544	231.652
1901	4.842.324	4.742.794	37.082	29.453	129.725	289.387
1902	7.444.430	5.323.832	87.981	4.725	49.230	329.387
1903	5.421.224	2 924.731	64 237	5.892	65.865	601.861
1904	5.459 370	3.765.808	56.705	18.584	116.610	696.212
1905	3.932.970	2.395.846	65.197	12.770	118.620	462.793

L'année 1905 est une année de crise pour les exportations du Dahomey. Elles sont tombées, de 11,156,009 fr. en 1904, à 7,630,000 francs, c'est-à-dire que la baisse est de près de 4 millions. Cela tient à la sécheresse, qui, succédant à deux années déjà médiocres, a diminué de beaucoup la récolte des produits de cueillette. Mais cet état de choses n'est que passager et le commerce ne tardera pas à se relever. D'une manière générale, le diagramme de l'exportation de chacun des produits tend à s'élever. Signalons notamment la progression de l'industrie de la pêche ; mais pour l'huile et les amandes de palme on constate un abaissement considérable. Notons également qu'en 1905 les exportations de maïs ont décuplé, passant de 207 tonnes à 2,058. Cette culture prendra une grande extension le jour où le développement des moyens de transport en facilitera la sortie. D'après la statistique, la part du commerce français à l'exportation est de 27 o/o (1).

II. Places d'Europe où se traitent les caoutchoucs africains.

Les cinq principales places où se traitent les caoutchoucs de l'Afrique occidentale sont : Liverpool, Bordeaux, Anvers, Le Havre et Hambourg. Nous allons faire un bref exposé de la situation de chacune d'elles.

A. *Marché de Liverpool.*

Ce marché est le plus ancien et de beaucoup le plus important, puisque le chiffre des affaires qui s'y traitent est en moyenne de 20,000 tonnes de caoutchouc, soit presque le tiers de la production

(1) Ce chiffre est inexact, car plus de 4 millions de marchandises destinées à la France sont exportées par le Lagos à cause des facilités de transport, et sont mis dans la statistique à destination de l'étranger.

mondiale. Voici quelles étaient, au mois de décembre 1905 les cotes des caoutchoucs de l'Afrique occidentale sur cette place :

```
Casamance 1.............................  8 60
    —        2......  ....................  7 55
    —        3 .........................  6 60
Guinée Niggers rouge 1.................. 11 70
    —        —     blanc 1.............. .... 11 50
    —    Twist    —   ................... 10 25
Soudan Niggers 1 (en sacs) .............. 11 40
    —        —     2...................... 8 80
    —    Twist.......................... 10 30
Côte d'Ivoire, Lump.................... 6 35
    —         Niggers blanc.. ........... 9 95
    —             —    rouge............ 11 15
    —         Cake 1.................... 8 35
    —             — 2.... .............. 6 25
Gabon. Grosse boule................ ........  8 »
    —  ·  Petite boule.................... 6 95
Congo. Loango type ..................... 8 05
Cameroun................................. 7 20
```

Enfin, le tableau qui se trouve à la page suivante permettra de comparer les cotes extrêmes des sortes africaines traitées sur le marché de Liverpool en 1903 et 1904.

B. *Marché de Bordeaux.*

Il y a quelques années seulement tous nos caoutchoucs africains étaient traités sur des places étrangères ; la place d'Anvers à elle seule avait réussi à accaparer la clientèle des plus gros acheteurs. C'était un danger pour notre commerce, d'autant plus que l'exploitation du caoutchouc devenait de plus en plus intense dans nos colonies. Une vigoureuse campagne fut entreprise en faveur de la création d'un marché métropolitain. Son but fut de

TABLEAU COMPARATIF

des cotes extrêmes des sortes africaines traitées sur le marché
de Liverpool en 1903 et 1904

SORTES	1903		1904	
	Cours le plus faible	Cours le plus élevé	Cours le plus faible	Cours le plus élevé
Gambie 1	7 25	8.10	7.70	7.90
— 2 et 3	6.09	6 95	5.80	6.50
Sierra Leone Niggers rouge 1	9.65	9.85	10.70	10.80
— blanc	9.50	9.65	10.40	10.70
— Twist noir	8.35	8.55	8.10	8.35
— blanc	8.45	8.65	9.30	9.50
Liberian et Mano	6.10	6.95	6.50	7.05
Gold Coast Niggers 1	6 95	7.60	7.05	7.25
— Lump hard	5.90	5.95	5.80	5.90
— — soft	5.30	5.40	4.70	5.10
— Flake ou pate	1.90	2.10	3.10	3.50
Grand-Bassam Hard cakes	8. »	8.10	8.10	8.20
— Mixed	6.50	6.90	6 50	7.15
— Soft	5.60	6. »	5.30	5.60
— Hard Lump	5.90	5.95	5.80	5.90
— Niggers rouge 1	»	»	10. »	10.20
— — blanc 1	»	»	8.55	8.75
— Twist 1	»	»	9.30	9.50
Lagos et Bénin-Lump	6. »	6.10	5.90	6. »
— Niggers ordin[re]	5.80	7.05	6.50	7.15
Soudan Nigers	8,70	10. »	7.25	10.75
— Twist	8.25	8.90	8.30	9 35
Conakry Niggers rouge	10.25	10.50	10.50	10.75

« rechercher d'une part les clients d'Anvers et les
amener à traiter à Bordeaux ; d'autre part, de persuader à certains importateurs de laisser leurs lots
à Bordeaux ». La tâche était dure, étant données
les mauvaises conditions que ferait nécessairement le nouveau marché à sa clientèle à cause de
l'élévation de ses cours. Mais peu à peu, avec de
la persistance et de l'effort, on arriva à un résul-

tat ; les chiffres suivants sont là pour le prouver.
De 1899 à 1905, il fut réalisé :

En 1899......	175 589	kilogs.
1900..	239.532	—
1901......... .	235.380	—
1902..	678.000	—
1903...... ...	1.113.000	—
1904.....	1.182.703	—
1905	1.350.000	-

Ainsi, tandis qu'en 1898, Bordeaux n'achetait à
nos colonies de l'Afrique occidentale que 5o tonnes
de caoutchouc pour une production totale d'environ 2,000 tonnes, ce qui équivalait à un quaran-
tième de cette production, en 1904 ces achats sont
montés à plus de 1,100 tonnes pour une production
totale de 3,900 tonnes, soit près d'un tiers. Cette
proportion, comme on le voit, s'est de beaucoup
élevée grâce à l'augmentation de plus en plus
grande des importations de la Guinée et du Soudan ; la Côte-d'Ivoire est restée fidèle à Liverpool.

La fraude des caoutchoucs africains eut sa répercussion sur notre nouveau marché ; une déprécia-
tion très sensible qui se produisit motiva de la
part des principales maisons de commerce une
pétition qui fut prise en considération par le
gouverneur général. Ce dernier intervint alors par
l'arrêté du 1er février 1905, que nous avons étudié
dans notre première partie. Cette réglementation
ne tarda pas à amener un relèvement des cours.

Espérons que cette place sera par la suite celle
où se traitera non seulement la plus grande partie
de nos types africains, mais encore que, grâce
au développement de ses lignes maritimes et de

ses relations commerciales, elle pourra rivaliser avec Liverpool comme marché international où se traiteront toutes les sortes de caoutchouc.

IMPORTATIONS DE CAOUTCHOUC A BORDEAUX

du 1ᵉʳ janvier 1899 au 1ᵉʳ janvier 1906. (En kilogrammes.)

SORTES	1899	1900	1901	1902	1903	1904	1905
Twist Soudan	96.517	94.450	144.200	310.000	550.500	368.057	110.963
Niggers Soudan	30.242	26.150	33.960	130.000	159.400	239.636	544.665
Niggers Konakry	»	4.250	2.000	50.000	148.000	170.700	285.630
Gambie ou Casamance	41.790	71.667	15.920	135.000	144.400	111.355	120.502
Lahou Twist					»	83.370	18.950
Lahou Niggers					19.900	29.010	64.700
Lahou Cakes							
Lahou Cakes Baoulé					11.000	16.375	27.640
Lahou Goures					»	5.290	
Bassam Lumps					20.500	22.300	8.050
Bassam Niggers					»	6.500	9.550
Bassam Cakes					»	3.285	
Sortes congolaises	7.040	43.045	39.300	53.000	»	45.650	115.830
Bissac Guinée portugaise					50.000	3.100	
Java et Sumatra					2.500	15.825	
Sortes Madagascar					3.500	45.700	
Centre Amérique					3.000	5.000	
Balata					»	2.650	
Nouvelle-Calédonie					300	900	
Mexique					»	»	
Tonkin					»	»	
TOTAUX	175.589	230.532	235.380	678.000	1.113.000	1.182.703	1.330.480

COTES EXTRÊMES DES CAOUTCHOUCS AFRICAINS

sur le marché de Bordeaux en 1904 et 1905 et cotes du début et de la fin de ces deux années.

PAYS de provenance	SORTES	1904				1905			
		COTES DE		COTES EXTRÊMES		COTES DE		COTES EXTRÊMES	
		janvier	décembre	Minimum	Maximum	janvier	décembre	Minimum	Maximum
Soudan	Twist	9.40	8.65	8.50	9.65	8.90	10.05	8.90	10.05
	Niggers	9.55	9.40	8.45	10.10	10. »	10.40	10. »	13.75
	Bayla	»	»	»	» (avril 11.30)	11.25	11.25	11.10	11.40
Guinée	Niggers Conakry	10.20	10.55	10.10	10.65	10.90	11.65	10.20	11.65
	AP	8.35	8.20	8.10	8.35	8.25	8.70	8.25	8.70
Gambie ou Casamance	A	7.35	7.75	7.30	7.75	7.90	8.40	7.80	8.40
	AM	6.85	6.70	6.20	6.80	7.10	7.40	7. »	7.50
	B	5.85	5.70	5.20	5.85	6.30	6.40	6. »	6.50
	C	5. »	4.70	4.40	5. »	5.30	5.35	5. »	5.50
Lahou	Twist	9.15	8.65	8.50	9.45	8.70	9.15	8.70	8.95
	Niggers (juillet 8.80)		8.25	7.70	8.80	8.70	10. »	8.70	10.55
	Cake	8.10	7.05	7.45	8.50	7.75	8.25	7.75	8.35
Bassam	Niggers	»	»	»	»	7.40	8.50	7.25	8.50
	Lumps (juillet 5.20)		5.80	5.45	5.80	6.10	6.40	6.10	6.70

C. *Marché d'Anvers.*

Ce marché est la conséquence de l'exploitation du Congo Belge. Son importance ne date guère que de 1896, car à son début la place de Liverpool lui fit une guerre acharnée. Mais actuellement son rôle est considérable.

Le marché d'Anvers traite principalement les sortes congolaises ; il traite également le Para, les caoutchoucs de la Guinée portugaise, du Soudan, de Madagascar, mais d'une façon très minime.

Cette place monopolise presque entièrement les caoutchoucs du Congo, car la plupart des compagnies concessionnaires de l'État indépendant se sont engagées par clause expresse sur leurs cahiers des charges à vendre exclusivement à Anvers. De plus, des lignes de navigation aboutissant au Congo, celles d'Anvers sont les plus nombreuses et les plus fréquentes.

Voici quelle est la progression des importations depuis leur début jusqu'en 1904 :

1889..........	4 tonnes 1/2.	
1890.........	30	—
1891..........	21	—
1892..........	62	—
1894.........	274	—
1896.........	1.115	—
1898.........	2.014	—
1900.........	5.698	—
1902.........	5.408	—
1904.........	5.763	—

D. *Marché du Havre.*

Le port du Havre importe annuellement plus de 5,000 tonnes de caoutchouc ; la consommation française étant de 6,000 tonnes, c'est donc par cette voie que se font presque tous les arrivages. En 1903, 4,858,823 kilogrammes de caoutchouc y ont été expédiés ; 1,798,750 kilogrammes provenaient du Brésil, et 392,942 kilogrammes de la Côte occidentale d'Afrique. Avant 1906, il n'existait pas de marché à proprement parler ; on a remédié à cette situation fâcheuse, et depuis septembre 1906 le marché du Havre est créé et semble devoir donner d'excellents résultats (1).

E. *Marché de Hambourg.*

Le marché de Hambourg n'a pas d'usages commerciaux bien établis ; c'est avant tout un port de transit, puisque le caoutchouc qui y est importé est destiné soit à l'Allemagne, soit à Anvers, soit à d'autres places ou villes industrielles européennes.

Pour compléter cette vue d'ensemble sur le commerce du caoutchouc de l'Afrique occidentale, nous donnons, dans le tableau ci-après, la progression des exportations de caoutchouc de 1895 à 1904 inclus :

(1) Pour plus amples renseignements, voyez le *Bulletin de la Société de géographie commerciale,* mars 1907.

Années.	Centre Casamance.	CENTRE SOUDAN-GUINÉE		Centre Côte-d'Ivoire.	TOTAUX	Exportations vers Bordeaux.	OBSERVATIONS
		par le Sénégal.	par la Guinée.				
			(Chiffres bruts en tonnes.)				* Chiffres qu'il n'a pas été possible de contrôler exactement.
1895	145	»	947	80*	1.172	»	
1896	127	9	953	150*	1.232	»	
1897	200	40	1.224	189	1.653	»	
1898	297	53	1.188	475	2.013	50	
1899	387	90	1.399	634	2.510	169	
1900	303	137	1 464	1.052	2.956	196	
1901	210	152	1.038	705	2.105	196	
1902	225	325	1.155	912	2.617	625	
1903	379	438	1 467	1.167	3.451	1.053	
1904	382	618	1.382	1.536	3.918	1.060	
Totaux de 10 ans.	2.655	1.862	12.217	6.900	23 624	3 349	

CHAPITRE IV

Le mouvement de la navigation.

.Dans ce chapitre, nous étudierons séparément le mouvement de la navigation dans chacune des colonies de l'Afrique occidentale, et nous indiquerons la place de la France vis-à-vis des principaux pavillons étrangers.

Sénégal.

MOUVEMENT GÉNÉRAL DE LA NAVIGATION

Années.	ENTRÉES			SORTIES			TOTAL GÉNÉRAL		
	Nombre.	Tonnage.	Valeur des marchandises.	Nombre	Tonnage.	Valeur des marchandises.	Nombre.	Tonnage.	Valeur des marchandises.
1900	337	460.225	46.580.834	337	460.225	32.493.747	674	920.450	79.074.581
1901	377	540.410	64.032.763	373	537.635	38.194.021	750	1078.045	102.226.784
1902	366	509.473	44.735.827	362	502 389	30.074.191	728	1011.862	74.810.018
1903	499	602.063	59.125 824	484	580 272	43.919.657	983	1182 335	103.045.481
1904	554	644.425	58.347.008	558	636.861	34.945.161	1112	1281.286	93.292.169
1905	514	656.488	59.884.891	499	625.586	28.409.548	1013	1282.074	88.294.439

En 1900, le mouvement général de la navigation au Sénégal avait subi un abaissement notable,

dû à la fièvre jaune. En 1899, en effet, le nombre
des entrées et des sorties était de 407, le tonnage
à l'entrée, de 567,835 ; le tonnage à la sortie, de
603,534 ; la valeur des marchandises à l'entrée, de
50,059,840 fr., et à la sortie, de 23,546,425 fr. Or
en 1900, la progression ne porta que sur la valeur
des marchandises à la sortie, les autres chiffres
furent inférieurs à ceux des années précédentes et
suivantes.

Le renouvellement complet des entrepôts a
amené en 1901 un relèvement considérable. En
1904, on constate une légère baisse quant à la valeur des marchandises transportées (1). Cette
baisse a disparu en 1905 pour les entrées, mais
elle s'est encore accentuée pour les sorties.

Les ports du Sénégal peuvent être classés dans
l'ordre suivant au point de vue commercial : Rufisque, Dakar, Saint-Louis, Foundiougne, Zinguin-
chior, Nianing, Joal. Rufisque doit son importance
à son exportation d'arachides. Quant au nombre
de navires entrés et sortis, c'est Dakar qui tient la
première place. Rufisque arrive en seconde ligne,
précédant de beaucoup Foundiougne et Saint-
Louis. L'infériorité de Saint-Louis sur les trois
autres ports provient de la difficulté de la barre et
de la situation de cette ville ; les chargements et
déchargements sont ainsi rendus plus onéreux.
Enfin, si la voie ferrée de Dakar à Saint-Louis a
puissamment contribué au développement du
commerce des deux principaux ports, la nouvelle

(1) Il est à remarquer que depuis ces dernières années, la
valeur des marchandises transportées n'augmente pas proportionnellement à la progression du tonnage.

ligne de Thyès à Kayes est appelée à leur donner une importance encore plus grande au détriment de Saint-Louis, car les importations et les exportations se feront par le chemin de fer plutôt que par le cours capricieux du Sénégal.

C'est le pavillon français qui tient la première place, suivi de loin par les pavillons anglais et allemand.

Guinée.

MOUVEMENT GÉNÉRAL DE LA NAVIGATION

Années.	NOMBRE de NAVIRES		TONNAGE		MARCHANDISES	
	Entrées.	Sorties.	Entrées.	Sorties.	Débar- quées.	Embar- quées.
1900	4.115	4.201	342.997	347.849	24.555	6.840
1901	4.311	4.359	338.054	338.767	20.144	7.472
1902	4.709	4.743	341.178	336.971	37.187	7.356
1903 [1]	499	470	356.982	354.555	41.806	9.088
	4.163	4.233	43.437	40.065	»	»
1904 [1]	698	666	397.144	389.513	32.298	7.423
	4.580	4.624	45.648	47.286	1.227	2.034
1905 [2]	559	566	445.165	448.413	42 338	8.050

(1) La première ligne correspond à la navigation au long cours et la seconde au cabotage intérieur.

(2) Statistique pour la navigation au long cours seulement.

Konakry est de beaucoup le principal port de la colonie : Victoria, qui vient après, occupe une place bien moindre. La Guinée ne produisant pas de marchandises d'un fort poids pour une faible valeur, comme les arachides, le fret en retour n'y est pas comparable à celui du Sénégal. C'est de là que vient la disproportion qui existe entre le fret débarqué et le fret embarqué. Constatons également ment que si le pavillon français occupe le second rang derrière le pavillon anglais, il tend de plus en plus à être rejoint par le pavillon allemand.

Côte-d'Ivoire.

MOUVEMENT GÉNÉRAL DE LA NAVIGATION

Années.	NOMBRE de navires.	TONNAGE jauge.	TONNAGE marchandises.	VALEUR
		tonnes	tonnes	francs
1900	839	1.124.228	32.243	17 155.462
1901	874	1.135.463	32.035	13.828 496
1902	1.034	1.468 955	32.431	17.416.959
1903	926	1.453.953	34.415	19 640.147
1904	1.090	1.552.092	56.695	29.323.315
1905	1.142	1.743.543	55.909	24.313.338

Le mouvement général des affaires s'accroît de plus en plus à la Côte-d'Ivoire : le chiffre le plus élevé a été atteint en 1904. Quant à la baisse de 1901, elle a eu pour cause une crise passagère causée par les épidémies. De même qu'en Guinée, le pavillon français, malgré une progression constante, ne vient qu'après le pavillon anglais.

Dahomey.

C'est en 1902 que le mouvement général de la navigation a été le plus élevé. Dans la période que nous étudions, les années 1903, 1904 et 1905 sont les plus faibles quant à la valeur totale des marchandises embarquées et débarquées.

Comme nous l'avons indiqué dans le chapitre

premier, la cause de ce ralentissement n'est que passagère, puisqu'elle est due à la sécheresse consécutive de ces dernières années.

Le pavillon allemand se classe le premier, tant pour les entrées que pour les sorties ; le pavillon français tient la seconde place, dépassant de beaucoup le pavillon anglais, qui arrive en troisième ligne.

MOUVEMENT GÉNÉRAL DE LA NAVIGATION AU DAHOMEY

Années.	ENTRÉES			SORTIES			TOTAL GÉNÉRAL		
	Nombre.	Tonnage.	Valeur des marchandises	Nombre.	Tonnage.	Valeur des marchandises.	Nombre.	Tonnage.	Valeur des marchandises.
1900	415	393.401	14 896.207	416	393.426	12.744.770	831	786.827	27.640 977
1901	415	424.493	15.645 385	415	424.493	10.477.138	830	848.986	26 122 523
1902	511	543.529	17.125.062	508	539.299	13.669.216	1.019	1.082.828	29.794.278
1903	444	521.224	11.179.598	446	523.718	9.530.853	890	1.044.942	20.710.440
1904	477	545.051	8 800.146	477	545.051	9.165.558	954	1.090.102	17.965.704
1905	449	542.704	9.127.043	447	542.141	6.521.577	896	1.084.845	15.649.320

CHAPITRE V

Le régime douanier.

C'est le décret du 14 avril 1905 qui unifie le
régime douanier en Afrique occidentale française.
Avant cette unification, chaque colonie percevait
les droits d'entrée et de sortie d'après un tarif établi par elle, et les revenus allaient à son budget
particulier. Cela se comprenait avant que ces
colonies ne constituassent que des parties d'un
seul tout homogène, placé sous la direction du
gouvernement général. Mais le fait que celles-ci
« se pénètrent par leur hinterland, sont devenues
les portes d'accès et de sortie d'une même région
riche et productive dont elles convoitent toutes le
marché, ne permet pas de laisser subsister dans
leurs régimes fiscaux des différences de nature à
dériver les courants commerciaux au profit de
l'une, au détriment des autres (1) ».

Deux autres raisons ont également motivé le

(1) Voyez G. François. *L'Afrique occidentale française,*
1907, p. 463.

décret de 1905. La première est que la Guinée, la Côte-d'Ivoire, le Dahomey, avaient institué, sous la dénomination de taxes de consommation, de véritables droits d'importation. En effet, leur but n'était pas de frapper les marchandises de consommation intérieure, ce qui eut été impossible dans des pays neufs ; mais elles voulaient pouvoir réglementer ces taxes par voie d'arrêtés locaux, sans recourir à un décret. Ainsi, par simple arrêté du gouverneur, des modifications pouvaient être apportées, tandis que pour retoucher les droits d'importation, il eût fallu, aux termes de la loi du 11 janvier 1892, un décret pris en Conseil d'Etat. La seconde raison est une raison de protection pour nos produits nationaux. La Guinée n'avait jamais établi de différence entre nos marchandises et les marchandises étrangères, et les droits étaient les mêmes pour les premières et pour les secondes.

Le décret du 14 avril 1905 fixe les droits à percevoir à l'entrée et à la sortie de l'Afrique occidentale française. Il établit les tarifs suivants (1) :

(1) Voyez *Journal officiel,* 15 avril 1905.

A. — TARIF D'IMPORTATION

DÉSIGNATION des PRODUITS	UNITÉS sur lesquelles portent les droits.	TERRITOIRES situés en dehors de la zone visée par la convention du 14 juin 1898.		TERRITOIRES soumis au régime de la convention du 14 juin 1898.
		Droits d'importation.	Surtaxe sur les produits étrangers.	
Sels gemmes..................	100 kilogrammes.	1 50	» 50	1 50
Sels marins.................	Idem.	1 50	» 50	1 »
Tabacs en feuilles	Idem.	100 »	»	100 » [1]
Tabacs fabriqués..............	Idem.	150 »	50 »	200 » [1]
Sucres......................	100 kilogrammes. (Poids effectif).	5 »	5 50 [3]	5 »
Kolas......................	100 kilogrammes.	Exemption.	75 »	50 » [2]
Matériaux de construction (briques, tuiles, carreaux, chaux, ciment, plâtres, planches et madriers non ouvrés).........		5 0/0	7 0/0	10 0/0 [2]
Alcools	Hectolitre d'alcool pur.	160 »	30 »	160 »
Liqueurs...................	Hectolitre.	112 50	25 »	112 50
Liqueurs de traite de 25° et au-dessous..................	Idem.	60 »	15 »	60 »
Vins au-dessus de 16°...........	Idem	*Régime de l'alcool.*		
Armes..................	Pièce.	15 0/0	7 0/0	20 0/0
Poudres et salpêtres...........	100 kilogrammes.	50 »	20 »	100 » [1]
Autres munitions	Idem.	15 0/0	7 0/0	20 0/0
Cafés......................	100 kilogrammes.	5 0/0 [4]	7 0/0 [4]	10 0/0 [5]
Bananes	Idem.	5 0/0 [6]	7 0/0 [6]	10 0/0
Huiles (de palme, de touloucouma, d'illipé, de palmiste)..	Idem.	5 0/0	1 »	Exemption.
Produits non dénommés........		5 0/0	7 0/0	10 0/0

1. Les tabacs en feuilles ou fabriqués et les poudres et salpêtres ne sont soumis, au Dahomey, qu'à un droit d'importation de 50 francs par 100 killog.

2. Les kolas et les matériaux de construction sont exempts de tous droits à l'entrée au Dahomey.

3. Indépendamment des taxes compensatrices applicables aux sucres originaires des pays qui accordent des primes à la production ou à l'exportation des sucres.

4. En Guinée, les cafés sont exempts des droits d'importation et acquittent un droit spécifique de 78 francs comme surtaxe sur les produits étrangers.

5. A la Côte-d'Ivoire, les cafés acquittent un droit spécifique de 78 francs par 100 kilog., au lieu de la taxe *ad valorem*.

6. En Guinée, les bananes sont exemptées des droits d'importation et acquittent un droit spécifique de 5 francs, comme surtaxe sur les produits étrangers.

Les droits *ad valorem* sont perçus d'après la valeur des produits au lieu d'importation. Cette valeur est déterminée par la mercuriale officielle, ou, à défaut, par le prix de facture augmenté de 25 0/0.

EXEMPTIONS GÉNÉRALES

Sont exemptés de tous droits les produits suivants :
Animaux vivants ;
Viandes fraîches ;
Poissons frais ;
Fruits frais ;
Légumes frais ;
Pommes de terre ;
Manioc ou ignames ;
Graines à ensemencer ;
Amandes de palme, sésame, piments frais et secs, riz en paille ;
Machines et instruments agricoles.
Houille ;
Livres ;
Instruments de précision et scientifiques ;
Engrais ;
Armes, munitions, matériel de guerre et équipements militaires appartenant à l'Etat ;
Vêtements d'uniforme et objets d'équipement des officiers et fonctionnaires ;
Effets des voyageurs lorsqu'ils portent des traces d'usage ;
Outils apportés par les ouvriers pour l'exercice de leur profession ;
Embarcations de tout tonnage ;
Caisses vides et futailles vides, montées ou démontées.

B. — TARIF DE SORTIE.

Caoutchouc, 7 0/0.
La valeur servant de base à cette perception est celle des produits au moment de l'exportation, valeur indiquée par la mercuriale officielle.

C. — SURTAXE D'EXPORTATION INDIRECTE

Marchandises de toute origine importées en Guinée française après avoir transité par un pays du continent d'Afrique autre qu'une colonie française :

Poudres et munitions	20 fr.	»	les 100 kilog.
Tabacs....................	10 fr.	»	—
Tissus et effets d'habillement.	25 fr.	»	—
Toutes autres marchandises.	3 fr.	60	—

Le nouveau tarif est d'une compréhension facile. La plus grande partie des marchandises acquitte des droits *ad valorem*, fort simples à évaluer. Les droits à l'importation ont remplacé les taxes de consommation. De nombreuses exemptions ont été accordées, ce qui rend le système adopté très libéral. De plus, les droits de sortie n'ont été maintenus que pour le caoutchouc, produit riche, valant de 3,000 francs à 10,000 francs la tonne, et qui peut facilement supporter la taxe de 7 o/o. Les droits de sortie sur les gommes, les animaux de bétail, les bois bruts, ont donc été supprimés.

Une surtaxe de douane de 7 o/o, égale à celle instituée au Sénégal, frappe les produits étrangers pénétrant en Afrique occidentale par la frontière de Guinée : cette surtaxe est ajoutée aux droits d'importation de 5 o/o. En vertu de la convention du 14 juin 1898, entre la France et l'Angleterre, les droits de la Côte-d'Ivoire et du Dahomey sont de 10 o/o sur tous produits français et étrangers.

Quant aux marchandises frappées de droits spécifiques, ce sont celles dont les cours sont universellement cotés et peu susceptibles de variations, telles que les sels, les sucres, les kolas, les tabacs, les alcools, les poudres, etc... Enfin, une surtaxe dite d'importation indirecte est établie sur les produits importés en Guinée après avoir transité par un pays du continent africain autre qu'une colonie française. Cette mesure est destinée à favoriser le commerce des ports de la Guinée. Elle y a d'ailleurs réussi puisqu'elle a ramené vers Konakry un trafic important.

Trois décrets successifs sont venus apporter des modifications à celui du 14 avril 1905. Le décret du 10 mars 1906 a fixé les droits d'entrée et de sortie des cotons, dits *guinées*, introduits au Sénégal, et complète de la façon suivante l'article premier du décret de 1905.

DÉSIGNATION des PRODUITS	UNITÉS sur lesquelles portent les droits	TERRITOIRES		
		Situés en dehors de la zone visée par la convention du 14 juin 1898		Soumis au régime de la convention du 14 juin 1898
		Droits d'importation	Surtaxes sur les produits étrangers	
Tissus de coton dits *guinées*...... ..	Valeur	5 0/0 (1)	7 0/0 (1)	10 0/0

Le décret du 2 mai 1906, ajoute au tableau des exemptions générales les caoutchoucs bruts, la gomme copale brute et les arachides importés en Afrique occidentale française, produits qui, auparavant, acquittaient des droits d'entrée, en l'absence de disposition expresse du décret du 14 avril 1905. Ces importations, en effet, ne sont faites dans nos colonies que pour bénéficier des facilités de réexpédition. Cette nouvelle mesure

(1) Au Sénégal, les tissus de coton dits *guinées* acquittent un droit d'importation de 25 millimes par mètre et une surtaxe sur les produits étrangers de 6 centimes par mètre.

a donc été prise en faveur de notre commerce maritime.

Le décret du 31 janvier 1907 fait disparaître la situation fâcheuse créée à la Casamance par la différence entre les tarifs douaniers de l'Afrique occidentale et ceux de la Guinée portugaise. Cette dernière colonie, en effet, continue à appliquer un tarif de droits réduits, d'où les commerçants de la Casamance, en raison de l'élévation des tarifs d'importation du Sénégal, ne pouvaient livrer certains articles au même prix que ceux de la Guinée portugaise. Cette infériorité commerciale n'existe plus, grâce au nouveau décret, qui établit un régime spécial pour certains produits d'importation, notamment les tabacs en feuilles, les kolas étrangers, les avoines, les poudres, salpêtres et autres munitions. Les droits sont maintenant les suivants : pour les tabacs en feuilles, 50 francs les 100 kilos ; pour les kolas, 400 francs les 100 kilos ; pour les avoines, 5 o/o avec surtaxe de 7 o/o sur les produits étrangers ; pour les poudres et salpêtres, 20 francs les 100 kilogs avec surtaxe de 10 francs ; et pour les autres munitions, 5 o/o avec surtaxe de 7 o/o.

Enfin notons en terminant que l'alinéa 2 de l'article 3 de la loi de douanes du 12 janvier 1892 a donné au pouvoir exécutif le droit d'accorder, par décrets rendus en conseil d'Etat, une réduction des droits d'entrée en France de moitié du tarif minimum, pour les denrées coloniales, et de la totalité pour les autres marchandises. En effet, les produits des colonies non assimilées, et l'Afrique occidentale est dans ce cas, acquittent en principe les droits inscrits au tarif minimum. Mais un décret peut accorder des exemptions ou des détaxes. Cette faveur est subordonnée à la délivrance de certificats d'origine par les douanes locales. En vertu de cette disposition, le décret du 30 juin 1892 a exempté de tout droit l'huile de palme et les bois provenant de la côte occidentale d'Afrique. Le même décret, modifié par celui du 25 août 1900, a réduit les droits sur le café de la côte occidentale qui, actuellement, paye le droit minimum diminué de 78 francs.

Le décret du 22 août 1896 a également établi un régime de faveur pour les bananes de Guinée.

Chaque année, des décrets fixent les quantités à admettre au bénéfice de la détaxe. Celui du 22 juillet 1906 limite cette quantité, pour les campagne de 1905 et 1906, à 2,500 kilos pour le café et 2,500,000 kilos pour les bananes. Etant donné le considérable développement de la production du maïs en Afrique occidentale et notamment au Dahomey, il y aura lieu de s'occuper de réduire les droits qu'il a à payer à son entrée en France, droits qui actuellement sont un obstacle sérieux à son importation dans la métropole.

CONCLUSION

———

Dans son ouvrage sur « l'*Avenir colonial de la France* », M. Fallot s'exprime ainsi, relativement au but de la colonisation : « Le champ d'opération de toute œuvre coloniale est un pays à peu près tel qu'il est sorti des mains de la nature et qui n'a encore subi que des modifications imprimées par des hommes primitifs, et le but qu'elle poursuit est d'appliquer les moyens puissants inventés par la civilisation à la mise en valeur de ce sol vierge ou exploité de façon barbare (1) ».

C'est cette marche qu'a suivie l'Afrique occidentale française ; pays entièrement neuf il y a quelques années seulement, elle avance à grands pas dans la voie du progrès.

L'ère de la conquête est close et la pacification achevée ; il ne reste qu'à tirer parti de ses richesses naturelles.

Nous nous sommes décidés tard, il est vrai, à cette mise en valeur ; comme tous les peuples latins, nous avons plus d'idéal que de sens pratique, nous combattons pour l'idée plutôt que

(1) Voyez E. Fallot. *L'Avenir colonial de la France*, page 2.

pour le résultat. Nous considérions la nation anglaise comme douée d'un sens à part, que nous attribuions à sa situation insulaire : le sens de la colonisation. Et il a fallu qu'un peuple voisin, qui, il y a quelques années, n'émettait aucune prétention colonisatrice, nous montrât d'une façon évidente et peut-être même un peu brutale son intention de favoriser l'expansion de sa race et de développer son commerce extérieur, pour que nous comprîmes combien illusoire était la conquête faite dans un but de vaine gloriole militaire, si elle n'était pas suivie d'une rapide mise en valeur.

C'est alors qu'un brusque revirement se produisit dans l'opinion publique en faveur de l'essor colonial.

L'Afrique occidentale française a bénéficié de ce changement et, suivant l'heureuse expression de M. Chailley-Bert, « l'Age de l'agriculture » est né pour elle. On a pu se rendre compte de son merveilleux développement en jetant les yeux sur les statistiques, qui accusent une progression rapide et constante de son commerce. Mais il ne faut pas se contenter des résultats acquis, il faut viser encore plus loin. C'est le rôle du gouvernement général d'étudier les moyens susceptibles d'accroître la prospérité présente et de prendre les mesures propres à éliminer tout ce qui pourrait entraver cette marche ascendante. Il devra s'occuper activement de la question du coton, pour que cette culture puisse devenir rapidement un puissant palliatif contre les crises que la monoculture ne manquerait pas de provoquer en Sénégambie.

Il devra veiller à ce que le caoutchouc soit récolté d'une façon rationnelle, afin qu'une exploitation par trop intensive n'amène pas plus tard un rendement presque nul.

Son rôle est également de favoriser l'extension des cultures déjà existantes, notamment celle des arachides, et l'établissement de nouvelles cultures et produits ; pour arriver à ce dernier résultat, il devra multiplier les jardins et les fermes d'essais. Il cherchera, de plus, dans l'intérêt de la bonne exécution des travaux publics et des entreprises agricoles, à résoudre le problème de la main-d'œuvre. Enfin une autre question, dont la solution présente un immense intérêt pour le commerce, est celle des Syriens. Elle se pose principalement en Guinée, mais tend de plus en plus à devenir générale. Les Syriens se sont installés depuis peu en Afrique occidentale et sont dès maintenant un danger considérable pour les négociants de la côte, car ils vendent à faux poids et ne sont pas soumis aux conditions imposées à tout commerçant qui s'établit. De plus, leur extrême mobilité leur permet d'échapper à toute sanction. Enfin, par leur mépris absolu des règles élémentaires d'hygiène, ils constituent un danger permanent pour la salubrité publique, et les cases qu'ils habitent sont des foyers d'épidémie

Toutes ces différentes questions réclament une étude sérieuse et impartiale. Pour arriver au résultat espéré, il faudra peut-être lutter encore de longues années, « mais l'œuvre apparaît déjà avec une netteté et une certitude suffisantes pour qu'on en

puisse escompter dès à présent les bénéfices (1) »
et qu'on puisse considérer l'Afrique occidentale
comme « un fleuron de notre couronne coloniale ».
Et c'est avec joie que nous applaudissons aux
paroles suivantes prononcées par M. Lucien Hubert dans la conférence qu'il a faite à Berlin le
15 mars dernier :

« L'Afrique occidentale est une œuvre dont
nous pouvons être justement fiers. Nous y avons
mis le meilleur de nous-mêmes : notre énergie,
notre confiance, notre esprit de suite.

« Et c'est bien une création française que ce
pays neuf, plein d'avenir, organisé méthodique-
ment, avec la sûreté de vues et la simplicité de
moyens qui caractérisèrent toujours les manifes-
tations les plus hautes de notre génie national.

. . . .

. . . .

« L'Afrique occidentale, j'en ai la certitude,
est réservée à un magnifique avenir.

« Il y a vingt ans, c'était le continent mysté-
rieux, hostile, le sol aride, mêlé de forêts, de dé-
serts et de marécages, peuplé de sauvages affamés,
craintifs ou barbares, déchirés par d'incessantes
guerres.

« Aujourd'hui c'est un pays clair et large, où
naissent les cultures, où l'homme a repris confiance, où la paix règne, et où toute l'activité s'emploie à faire de la richesse, de la prospérité, du
bonheur.

(1) Voyez le numéro de l'*Eclair* du 14 septembre 1906. *L'Afrique occidentale*, par Jean Rodes.

« Dans vingt ans, dans dix ans peut-être, ce sera un monde nouveau, avec ses ports largement ouverts vers l'Océan, ses chemins de fer où courront les convois chargés de produits précieux, des villes pleines d'une population active et joyeuse, ses campagnes offrant superbement, au grand soleil d'Afrique, les fruits de cette communion de l'homme et de la terre qu'est le travail (1) ».

(1) Voyez *Le mois colonial et maritime,* avril 1907. Supplément : *L'Afrique occidentale française,* pages 2, 27 et 28.

BIBLIOGRAPHIE

1º Principaux ouvrages, brochures et documents consultés.

Aspe-Fleurimont. — La Guinée française (1900).

L'organisation économique de l'Afrique occidentale (1901).

La colonisation française (1902).

De l'intervention de l'Etat dans l'outillage économique de la colonisation (1903).

Banque de l'Afrique occidentale. — Procès-verbaux et rapport du conseil d'administration de 1902 à 1906 inclusivement.

Barot (D'). — Guide pratique de l'Européen dans l'Afrique occidentale (1902).

L'Afrique occidentale française. Inventaire méthodique de ses ressources (1904).

Barret (D' Paul). — L'Afrique occidentale. La nature et l'homme noir. – 2 vol. (1888).

Binger (capitaine). – Esclavage. Islamisme et christianisme (1891).

Bohn (Frédéric). — Le développement économique de nos colonies de l'Afrique occidentale (1898).

Chapel (E.). — Le caoutchouc et la gutta-percha (1892).

Colonies Françaises (les). — Notices publiées à l'occasion de l'exposition universelle de 1900.

Le Sénégal. — Organisation politique.

Le Sénégal. — Agriculture. Industrie. Commerce.

Le Soudan.

La Guinée.

La Côte-d'Ivoire.

Le Dahomey.

Rapport général par M. Charles Roux.

Colonies Françaises au début du xxᵉ siècle (les). — (Rapports publiés à l'occasion de l'exposition coloniale de Marseille). 2 vol. (1906).

18

Courtet (M.). — Etude sur le Sénégal.

Cuvillier-Fleury. — La mise en valeur du Congo français (1904).

Dewèvre (Alfred). — Les caoutchouc africains (1895).

Dreyfus (Camille). — La France dans l'Afrique occidentale (1902).

Dubois (Marcel). — Systèmes coloniaux et peuples colonisateurs.

Un siècle d'expansion coloniale (1902).

Dumas. — Le sorgho dans les vallées du Niger et du Haut-Sénégal (1906).

Fallot (E). — L'avenir colonial de la France (1902).

Feuilles de renseignements du ministère des Colonies.

Fleury. — L'arachide, principalement celle de la Sénégambie (1900).

Girault (Arthur). — Principes de colonisation et de législation coloniale.

Goumain-Cornille. — Les banques coloniales.

Gouvernement général de l'Afrique occidentale française.

La Guinée (1906).

La Côte-d'Ivoire (1906).

Le Dahomey (1906).

Le Haut-Sénégal et Niger (1906).

Les Chemins de fer en Afrique occidentale française. 3 vol. (1906).

Le Sénégal (1907).

L'Afrique occidentale française, par G. François (1907).

Gouvernement général (brochure publiée par le). — La question cotonnière en Afrique occidentale française (1905). (Rapport de M. Yves Henry, 1905).

Gruvel (A.). — Les pêcheries de la côte occidentale d'Afrique (1906).

Guennadou. — La propriété foncière indigène en Afrique occidentale (1904).

Guillard. — Les voies ferrées aux colonies françaises d'Afrique (1902).

Guy (Camille). — La mise en valeur de notre domaine colonial (1900).

Hanotaux (Gabriel). — L'énergie française.

Henry (Yves). — Le coton dans l'Afrique occidentale française (1904).

Bananes et ananas. Production et commerce en Guinée française (1905).

L'élevage dans l'Afrique occidentale française (1905).

Rapport sur l'exploitation du caoutchouc en Afrique occidentale (1906).

Le caoutchouc dans l'Afrique occidentale française (1906).

Le coton dans l'Afrique occidentale française (1906).

Honoré. - Le Transsaharien et la pénétration française en Afrique (1901).

Hubert (Lucien). — Politique africaine (1904).

Rapport à la Chambre des députés (1903).

Rapport à la Chambre des députés (annexe au procès-verbal de la séance du 22 novembre (1906).

Lanessan (de). — Principes de colonisation.

Lasnet (Dr) — Une mission au Sénégal (1900).

Lécard (Th.). — Documents sur la colonie du Sénégal (1865).

Notice sur les productions du Sénégal (Saint-Louis 1866).

Lefèbre (A.). — La création de l'outillage public dans l'Afrique occidentale (1004).

Lemaire. — Les chemins de fer aux colonies, non compris l'Algérie et la Tunisie (1900).

Leroy-Beaulieu (Paul). — De la colonisation chez les peuples modernes, 3 vol. (1902).

Le Sahara, le Soudan et les chemins de fer transsahariens (1902).

Merlin. — Rapport sur le régime de la circulation et de l'exploitation du caoutchouc (1903).

Ministère des colonies (Office colonial). — Le Sénégal (1905).

Monteil. — Monographie du cercle de Djenné.

Petit (E). — Organisation des colonies françaises et pays de protectorat (1894)

Petit (Maxime). — Les colonies françaises (1902).

Philebert (général) et Roland (Georges). — La France en Afrique et le Transsaharien (1890).

Pierre et Monteil. — L'élevage au Soudan (1906).

Projet d'emprunt de l'Afrique occidentale française, présenté à la session extraordinaire du conseil de gouvernement en mai 1906 par le gouvernement général (1906).

Projet de loi tendant à autoriser le gouvernement général à contracter un emprunt de 100 millions (1906).

Renard. — Le régime foncier dans les colonies françaises de l'Afrique (1904).

Renaud. — Les banques coloniales (1899).

Renty (E. de). — Les chemins de fer coloniaux en Afrique (1905).

Richesses coloniales (Nos). 1900-1905. — L'Industrie des pêches aux colonies (1906). — (Rapport publiés à l'occasion de l'exposition coloniale de Marseille). 2 vol. (1906).

Saint-Germain (Marcel). - Rapport au Sénat (annexe au procès-verbal de la séance du 29 décembre 1906).

Savariau. - L'agriculture au Dahomey (1906).

Statistiques coloniales du commerce, de 1898 à 1905 inclus.

Statistiques coloniales de la navigation, de 1900 à 1905 inclus.

SELIGMANN, LAMY, THORRILLON et FALCONNET. — Le caoutchouc et la gutta-percha.

VAUTHIER (René). — A propos de l'outillage de l'Afrique occidentale (Extrait de la *Revue économique internationale* de septembre 1904).

VIBERT. — La philosophie de la colonisation.

VIMARD (lieutenant-gouverneur). — Circulaire adressée aux commandants des régions Sud et Volta (1899).

WILDEMANN (E. de).— Les plantes tropicales de grande culture (1902).

La végétation de l'Afrique tropicale centrale (1903).

2o Publications officielles.

Journal officiel de la République française.
Bulletin des lois.
Journal officiel de l'Afrique occidentale française.
Bulletin de l'Afrique occidentale française.
Journal officiel du Sénégal.
Journal officiel de la Guinée française.
Journal officiel de la Côte-d'Ivoire.
Journal officiel du Dahomey.

3o Périodiques et journaux.

Quinzaine coloniale.
Questions diplomatiques et coloniales.
Revue coloniale.
Bulletin de la Société de Géographie commerciale.
Le mois colonial et maritime.
Dépêche coloniale.
Dépêche coloniale illustrée.
Revue des cultures coloniales.
Bulletin de l'Association cotonnière coloniale.
Bulletin de l'Afrique française.
Bulletin de la Société belge de Géographie.
Agriculture pratique des pays chauds.
La Vie coloniale.,

Journal des colonies.
Annales coloniales.
Politique coloniale.
Le Moniteur du caoutchouc.
Le caoutchouc et la gutta-percha.
Revue des Deux Mondes.
Economiste français.
Réforme économique.
L'Eclair.

ERRATA

Page	Ligne	Au lieu de	Lire
17	9	que	où
18	7	alterne	alternes
21	26	semailles... 20 fr.	semailles... 10 fr.
33	25	huile d'olive	huile d'olive pure
35	3	telles sont	Tels sont
48	23	d'autant que	d'autant plus que
57	16	son mode	leur mode
78	8	récolte	récoltes
93	16	quels	quelles
94	16	étant donné	étant donnée
103	5	Ses besoins du noir	Les besoins des noirs
111	17	celles-ci	celle-ci
119	4	large zône de...	zône large de...
138	7	Sihasso	Sikasso
138	11	Ouagadouga	Ouagadougou
140	29	devra donc de réprimer	devra donc réprimer
142	3	il	on
165	8	appuyée	appuyé
169	27	digression	dégression
183	15	se divisent	se divisèrent
189	2	produits	produites

TABLE DES MATIÈRES

Imp. Barbier-Marilier, Dijon.

A LA MÊME LIBRAIRIE

BRUNACHE (P.), administrateur à Aïn-Fezza (Algérie). **Le Centre de l'Afrique. Autour du Tchad.** 1 vol. in-8°

COSTANTIN (J.), professeur au Museum. **Les Végétaux et les Milieux cosmiques** (adaptation, évolution). 1 vol. in-8. avec 171 gravures .... 6 fr.
— **La Nature tropicale.** 1 vol. in-8, avec gravures . ... 6 fr.

GAFFAREL, professeur à l'Université d'Aix. **Les Colonies françaises.** 6e édition revue et augmentée. 1 vol. in-8. 5 fr.

DE LANESSAN, ancien ministre. **Principes de colonisation.** 1 vol. in-8 .... 6 fr.

LAUMONIER (le Dr J.) **Hygiène de l'alimentation dans l'état de santé et de maladie.** 1 vol. in-12, 3e édit. avec grav. 4 fr.

LAYET (A.). professeur à la faculté de médecine de Bordeaux. **La santé des Européens entre les tropiques.** I. *Le climat. Le sol. Les agents vivants d'agression morbide.* 1 volume in-8° .... 7 fr.

MALMEJAC (F.), pharmacien major de l'armée. **L'eau dans l'alimentation.** 1 vol. in-8, avec gravures .... 6 fr.

MILHAUD (A.), agrégé d'histoire et de géographie. **Madagascar,** 2e édit. 1 vol. in-32, avec une carte......... 0 fr. 60

MONTEIL, lieutenant-colonel d'infanterie de marine. — **De Saint-Louis à Tripoli par le lac Tchad,** voyage au travers du Sahara accompli pendant les années 1890-91-92, préface de M. DE VOGUÉ, illustrations de RIOU, cartes gravées par ERHARD. 1 beau vol. in-8 colombier, broché 20 fr., en demi-reliure, fers spéciaux. (*Ouvrage couronné par l'Académie française*).. 28 fr.

PIOLET (J.-B.) **La France hors de France.** *Notre émigration, sa nécessité, ses conditions.* 1 vol. in-8 .... 10 fr.

POSKIN (A.), ex-médecin de la Cie des Chemins de fer du Congo. **L'Afrique équatoriale,** climatologie, nosologie, hygiène. 1 vol. in-8 avec fig. .... 12 fr.

VIGNON (L.), professeur à l'Ecole coloniale. **La France dans l'Afrique du Nord.** 2e édition. 1 vol. in-8. (*Récompensé par l'Institut*) .... 7 fr.
— **L'Expansion de la France,** 1 vol. in-18 .... 3 fr. 50

WAHL, professeur au lycée Condorcet. — **L'Algérie.** 4e édit. 1 vol. in-8 (*Couronné par l'Institut*)................... 5 fr.

Imp. Barbier-Marilier, Dijon.

www.ingramcontent.com/pod-product-compliance
Ingram Content Group UK Ltd.
Pitfield, Milton Keynes, MK11 3LW, UK
UKHW022326090726
13658UKWH00001B/113